Sigrid Oldendorf-Caspar

Das Beerenbuch

Sigrid Oldendorf-Caspar

Das Beerenbuch

Gesunde Vielfalt • Anbau im Garten • Vollwertige Rezepte

pala verlag

Inhalt

Beerenliebe

Obst aus dem eigenen Garten – frisch geerntet, welch köstliche Vorstellung! Zwar gibt es in den Geschäften stets eine schöne Auswahl, aber immer haben die Früchte einen mehr oder weniger weiten Transport hinter sich und sind eher vor Tagen als vor Stunden geerntet worden. Wer dagegen selbst pflanzt und pflückt, kann Frischobst genießen, das unmittelbar vom Garten in die Küche gebracht wird und sofort nach dem Waschen verzehrfertig ist.

Ideal für den Anbau im eigenen Garten sind Beeren. Denn Erdbeer- oder Heidelbeerpflanzen benötigen wenig Platz, gedeihen sogar in Kübeln, wenn nur Terrasse oder Balkon zur Verfügung steht. Ein Johannisbeerbusch passt in jede kleine Ecke eines Gärtchens, und mit den Nachbarn kann man sich vielleicht auf eine Himbeerhecke als Abgrenzung zwischen den Gärten einigen. Von den Früchten, die in diesem Buch vorgestellt werden, beanspruchen nur Holunder und Sanddorn mehr Raum. Aber sicherlich haben einige Leser auch einen Garten, der Bäumen und größeren Sträuchern genügend Platz bietet.

Allen, die Hobbyobstbauer sind oder es werden wollen, sei gesagt, dass es nicht nur die optimale Frische ist, die für das Gärtnern spricht. Zusätzlich macht es gute Laune, sich mit der Natur zu beschäftigen – zu pflanzen und die Schützlinge zu beobachten, wie sie wachsen, blühen und Früchte hervorbringen. Gartenarbeit ist eine Form der Entspannung. Die körperliche Bewegung tut gut und der Kopf kommt auf andere Gedanken. Als Entschädigung für die Mühen gibt es zur Krönung das köstliche Obst auf den Tisch, das sich auch zu allerlei Kuchen, Getränken, Suppen, Saucen, süßen Hauptgerichten, Desserts und Konfitüren verarbeiten lässt. Dieses Buch bietet dazu eine Auswahl bewährter und neuer Rezepte, die zusätzlich variiert werden können.

Damit wirklich Früchte aus dem eigenen Anbau auf den Tisch kommen – und nicht doch gekaufte Beeren, weil die Ernte nur gering war – werden in diesem Buch die wichtigsten Grundsätze für Auswahl, Standort und Pflege beschrieben. Fleiß und Wissen müssen nämlich zusammenkommen, um keine Enttäuschung zu erleben, also erst die Pflanzen zu erwerben und dann statt der eigenen Ernte doch die Früchte kaufen zu müssen. Aber keine Angst, es ist nicht kompliziert, mit einem Körbchen voll Erdbeeren oder Johannisbeeren, um nur sie als Beispiele zu nennen, belohnt zu werden.

Weiter informiert Sie das Buch über den gesundheitlichen Wert der Früchte. Das bedeutet zum einen, dass es für einige Beeren direkte Anwendungsmöglichkeiten gibt, wenn es um akute Beschwerden wie Erkältungssymptome oder Blasenentzündung geht. Darüber hinaus liegt der Wert der vielen guten Inhaltsstoffe der kleinen runden Beeren vor allem in der Vorbeugung und langfristig positiven Wirkung. Sie wappnen den Körper gegen die genannten akuten Krankheiten und sind Bestandteile einer gesunden Ernährung, die über meist harmlose Alltagsbeschwerden hinaus vor Krebs und sogenannten Zivilisationsbeschwerden schützt, wie wissenschaftliche Untersuchungen mehr und mehr untermauern. Dabei setzen sie am Ursprung der Krankheiten an, das heißt, sie verhindern deren Entstehung und Entwicklung. Keineswegs ist es egal, was wir essen. Essen ist im Gegenteil die einfachste und natürlichste Methode, um sich aktiv vor schlimmen und angsteinflößenden Krankheiten zu schützen. Wir haben es in der Hand, unsere Nahrung so auszuwählen und gegebenenfalls die Zusammenstellung so zu verändern, dass unser Körper das bekommt, was ihm gut tut. Der alte Slogan »Esst mehr Obst« hat nichts an Aktualität verloren und ist positiver als Ratschläge wie Fett meiden, Zucker meiden, Koffein meiden oder Alkohol meiden. Hier geht es nicht um Verzicht, sondern um zusätzlichen Genuss.

Kurz: Dieses Buch informiert umfassend über alles, was Beeren interessant macht und was an Wissen gebraucht wird, um sie selbst gepflückt und zubereitet genießen zu können.

Ich freue mich immer auf die Ernte im eigenen Garten und genieße gern die Früchte der Saison.

Gesunde Beerenschätze

Beeren in allen Variationen sind kleine Schatzkammern, gefüllt mit Vitaminen, allen voran Vitamin C, Mineralstoffen wie Kalium und Calcium sowie gesunden sekundären Pflanzenstoffen. Diese Pflanzenstoffe – zum Beispiel Polyphenole, Phenolsäuren und Flavonoide – haben als wirkungsvolle Antioxidantien eine entzündungshemmende Wirkung und schützen vor Herz-Kreislauf-Erkrankungen wie Arteriosklerose, vorschneller Zellalterung und anderen degenerativen Erkrankungen. Darüber hinaus bestätigt ihnen die Medizin, dass sie der Entstehung von Tumoren vorbeugen.

Frische, selbst gepflückte Beeren, die direkt nach der Ernte gegessen werden, haben die meiste Power. Ihre gesundheitsfördernden, lebenswichtigen Inhaltsstoffe nehmen mit der Zeit der Lagerung ab. So sind in den meisten Beeren nach drei Tagen schon etwa fünfzig Prozent des Vitamin C abgebaut. Eingefrorene Beeren dagegen kommen frischen Beeren nahe, so sie sofort nach der Ernte gefrostet wurden. Mehr zum Thema Haltbarmachung lesen Sie ab Seite 171.

Schauen wir uns zunächst die Vitamine und Mineralstoffe im Einzelnen an, von denen in Beeren gute Portionen stecken, um zu wissen, warum der Körper diese Vitamine und Mineralstoffe benötigt:

❖ **Vitamin C,** Ascorbinsäure, ist bekannt dafür, dass es die körpereigene Abwehr von Krankheiten stärkt. Daher wird auf eine gute Versorgung mit Vitamin C in Erkältungszeiten besonders viel Wert gelegt. Obst – besonders Beerenobst – enthält dieses Vitamin von Natur aus. Greifen Sie daher zu Beeren, um Ihren Körper gut zu versorgen und Ihre Abwehr zu stärken. Dann benötigen Sie keine Nahrungsergänzungsmittel. Im Winter sind Vollfruchtsäfte, für welche die ganze Frucht verarbeitet wird, die beste Alternative zu Beeren aus der Tiefkühltruhe. Sehr beliebt ist dabei der Sanddorn. Aber nicht nur die allseits bekannte Wirkung als kleiner Helfer fürs Immunsystem, das sich gerade mit lästigen und listigen Erkältungsviren herumschlägt, zeichnet das Vitamin C aus. Es ist außerdem beteiligt am Aufbau des Bindegewebes sowie der Knochen, bei der Energiegewinnung, der Stressverarbeitung und an Entgiftungsprozessen, es verbessert die Aufnahme des Mineralstoffs Eisen und hemmt die Bildung krebsfördernder Nitrosamine aus Nahrungsmitteln wie gepökeltem Fleisch. Umgekehrt führt ein Mangel zu Müdigkeit und Leistungsschwäche, Verstimmungen, Infektanfälligkeit und – bei erheblichem Mangel – zu Skorbut mit Blutungen unter der Haut und im Muskelgewebe sowie »Säuglingsskorbut« mit Störungen bei der Knochenbildung.

❖ Auch **B-Vitamine** wie Niacin und Folsäure sind in Beerenfrüchten enthalten. Niacin ist wichtig zur Energiegewinnung, Folsäure zur Zellneubildung. Gemüse, Nüsse und Samen, Getreide, Hefe und Weizenkeime liefern jedoch noch mehr davon als Obst, und teilweise kann der Körper die B-Vitamine aus diesen Nahrungsmitteln leichter aufnehmen.

❖ **Vitamin A,** ein fettlösliches Vitamin, ist in der Beerenfamilie vor allem beim Sanddorn zu finden. Vitamin A ist das klassische Augenvitamin, das auch dem Funktionserhalt von Haut und Schleimhäuten dient und zusammen mit Vitamin C und Vitamin E ein hochwirksames Antioxidationsmittel ist. **Betacarotin** – eine Vorstufe von Vitamin A – und Vitamin C gelten neben Vitamin E als gute Radikalfänger. Das heißt, sie können die gefäß- und zellschädigenden Radikale im Körper ausschalten und schützen auf diese Weise vor Arteriosklerose und Krebs. Radikale sind Schadstoffe aus der Umwelt, zum Beispiel aus Abgasen oder Zigarettenrauch, sie entstehen aber auch im körpereigenen Stoffwechsel – in besonders großen Mengen, wenn unser Organismus Stress, hohen körperlichen oder psychischen Belastungen und Krankheiten ausgesetzt ist. Die sogenannten Antioxidantien Vitamin C, Vitamin E und Betacarotin werden sowohl allgemein zur Vorbeugung als auch bei Krankheiten empfohlen, um diesen Einhalt zu gebieten.

Steht bei den Vitaminen in Beeren das Vitamin C an allererster Stelle, sind es unter den Mineralstoffen das Kalium und das Calcium, die besonders reichlich enthalten sind. Einige Beeren liefern uns darüber hinaus reichlich Eisen und Magnesium.

❖ **Kalium** ist der »Gegenspieler« des Natriums, das wir durch unseren Salzkonsum meist zu reichlich mit der Nahrung aufnehmen, während die Kaliumaufnahme manchmal unter dem Soll bleibt. Wichtig ist Kalium für die Reizleitung von Nerven- und Muskelzellen, das Wachstum der Zellen, den richtigen osmotischen Druck in den Zellen und die Aktivierung zahlreicher Enzyme im Körper. Mangelsymptome sind Muskelschwäche – auch des Herzmuskels –, verlangsamter Stoffwechsel und Lethargie.

❖ **Calcium** dient dem Aufbau und Erhalt der Knochen und Zähne, ist wichtig für das Nervensystem und die Blutgerinnung, Bestandteil vieler Enzyme und fördert die Muskelspannung. Eine Unterversorgung ist besonders im Wachstumsalter kritisch, da bei Mangel nur eine geringere Knochendichte aufgebaut werden kann, was dann im Alter eine erhöhte Osteoroseanfälligkeit zur Folge haben kann. Positive Effekte einer guten Calciumversorgung wurden bei Bluthochdruck, beim prämenstruellen Syndrom und zur Vorbeugung von Dickdarmkrebs beobachtet.

Beeren als Antioxidantien

Beeren sollten in der jeweiligen Saison unbedingt genossen werden, denn sie bieten uns große Mengen antioxidativer Inhaltsstoffe wie Vitamin C, Carotinoide und Polyphenole wie Ellagsäure, Anthocyanidine und Proanthocyanidine. Die beste Konservierungsmethode ist das Einfrieren – tiefgefrorene Früchte sind auch dem Saft überlegen. Die aufgetauten Früchte lassen sich sehr gut mit Quark und Joghurt zu Brotaufstrichen und Desserts kombinieren oder im Müsli verwenden. Vollfruchtsaft, eine Saftspezialität, bei der die ganze Frucht zu einem dickflüssigen Saft gepresst und konserviert wird, erreicht annähernd die guten Werte tiefgefrorener Früchte. Vollfruchtsaft eignet sich auch zur spontanen Verwendung und ist nach Öffnen der Flasche im Kühlschrank längere Zeit haltbar.

Der Sauerstoff, den wir atmen, unterstützt grundlegende Körperfunktionen, gleichzeitig kann er aber die Form hochreaktiver Moleküle, sogenannter freier Radikale annehmen. Diese können ernste Krankheiten hervorrufen. Antioxidantien sind Moleküle, die freie Radikale in harmlose Substanzen verwandeln und ihnen damit ihr schädliches Potenzial nehmen können. Unsere Zellen enthalten diese schützenden Antioxidantien von Natur aus – manchmal jedoch in nicht ausreichender Menge.

Unsere Ernährung kann uns in höchstem Maße vor dem oxidativen Stress, hervorgerufen durch freie Radikale, schützen. Vollkornprodukte und viele Gemüse- und Obstarten liefern Zink, Selen, Niacin und Riboflavin, die äußerst wichtig für das Funktionieren schützender Enzyme in unserem Körper sind. Ganz besonders wirksam sind Vitamin C und Vitamin E. Auch Betacarotin, das unser Körper zu Vitamin A umwandeln kann, hat ein sehr hohes antioxidatives Potenzial.

Lange Zeit verkannt wurden die Stoffe, die zunächst unter dem Begriff sekundäre Pflanzenstoffe mehr Aufmerksamkeit erhielten. Inzwischen hat man erkannt, wie bedeutsam diese Stoffe für den Schutz unserer Körperzellen und die Abwehr schädlicher freier Radikale sind. Sekundäre Pflanzenstoffe schützen vor vorschneller Zellalterung und wirken entzündungshemmend, sie halten die Blutgefäße geschmeidig und erschweren so die Entstehung von Arteriosklerose und Herz-Kreislauf-Erkrankungen. Auch gegen andere gesundheitliche Beeinträchtigungen wie Makulaschäden am Auge, Nervenerkrankungen wie Alzheimerkrankheit und bösartige Zellwucherungen wie Krebs helfen sie präventiv. Deshalb spricht die Wissenschaft inzwischen kaum noch von sekundären, sondern vielmehr von bioaktiven Pflanzenstoffen. Zu diesen Schutzstoffen zählen viele unterschiedliche chemische Verbindungen. In farbenfrohen Früchten sind zum Beispiel meist große Mengen an Polyphenolen enthalten. Bis heute hat man über viertausend verschiedene Polyphenole identifiziert, zu denen unter anderem die Flavonoide und deren Untergruppe, die Anthocyane, zählen. Besonders große Mengen an Polyphenolen sind unter anderem in Beeren und vor allem in wild wachsenden Beeren zu finden. Die große Gruppe der Polyphenole und ihr reichliches Vorkommen in allen Beeren machen diese Früchte zu Lebensmitteln mit hohem Gesundheitspotenzial. Andere gesunde bioaktive Pflanzenstoffe wie Schwefelverbindungen, Saponine oder Terpene stecken hauptsächlich in Gemüse- und Obstsorten, die nicht zu den Beeren zählen, wie in Kohl- und Zwiebelgewächsen, Spargel und Zitrusfrüchten.

Unter anderem schützt sich eine Pflanze mit bioaktiven Substanzen auf natürliche Art vor Infektionen durch Pilze, Viren oder Bakterien und vor Fraßschäden durch Insekten. Für uns Menschen offenbaren sich diese bioaktiven Substanzen in den Farben der Pflanzen – beispielsweise im leuchtenden Blau oder Violett von Heidelbeeren, Holunderbeeren, Brombeeren oder

Schwarzen Johannisbeeren oder im Rot der Erdbeeren, Preiselbeeren oder Himbeeren –, im speziellen Geschmack und im Geruch. So sind der typische Geschmack und Geruch von Kohl- und Zwiebelgewächsen auf deren hohe Gehalte an bioaktiven Substanzen zurückzuführen. Dabei produziert eine Pflanze umso mehr schützende Substanzen, je stärker sie der »widrigen« Umwelt ausgesetzt ist. Wird sie vorsorglich mit synthetischen Mitteln gespritzt – wie es im konventionellen Anbau üblich ist –, muss sie weniger dieser sie schützenden Stoffe bilden. Deshalb ist davon auszugehen, dass Obst- und Gemüsesorten aus ökologischem Anbau mehr bioaktive Schutzstoffe enthalten als Obst und Gemüse aus konventioneller Landwirtschaft.

So wie bioaktive Substanzen eine Pflanze schützen, kommen sie auch unserer Gesundheit zugute. Die Gehalte der einzelnen Inhaltsstoffe variieren dabei sehr zwischen den einzelnen Früchten. Es gibt große Unterschiede zwischen den Arten und Sorten, und in manchen Fällen kommt ein bestimmter Wirkstoff nur in ganz bestimmten Pflanzen oder Pflanzenteilen vor. Bis die einzelnen Substanzen noch genauer erforscht sind, gilt als generelle Empfehlung, dass Obst und Gemüse unverzichtbare Bestandteile einer ausgeglichenen, vollwertigen und gesunden Ernährung sind. Wer dann noch zwischen den einzelnen Arten und Sorten abwechselt, hat die besten Chancen, alle positiven Effekte zu nutzen. Einige Beispiele seien genannt:

❖ Als hochwirksamer Inhaltsstoff von Beeren, in diesem Fall vor allem von Himbeeren und Erdbeeren, gilt unter Wissenschaftlern die Ellagsäure, ein Polyphenol. Unter allen bioaktiven Wirkstoffen, die in Beeren enthalten sind, ist die Ellagsäure nach bisherigem Wissen die Substanz mit der größten krebshemmenden Wirkung. Ihre Wirkung liegt darin begründet, dass sie die Aktivierung möglicherweise schädigender zu tatsächlich krebserregenden Substanzen verhindert. Außer in Erdbeeren und Himbeeren sowie Brombeeren kommt sie in manchen Nüssen, vor allem in Walnüssen, vor. Himbeeren und Brombeeren enthalten zwar mengenmäßig mehr Ellagsäure als Erdbeeren, doch steckt die Ellagsäure der Himbeeren und Brombeeren vor allem in deren Kernchen, die Ellagsäure der Erdbeeren dagegen in deren Fruchtfleisch. Es ist anzunehmen, dass die Ellagsäure aus dem Fruchtfleisch für unseren Körper leichter verfügbar ist als diejenige aus den Kernchen.

❖ Heidelbeeren werden wegen ihrer Gerbstoffe schon lange bei akutem Durchfall eingesetzt. Seit einiger Zeit gelten die Früchte auch als geeignetes Mittel, um Kreislaufprobleme und bestimmte Augenkrankheiten wie Retinopathien – Netzhauterkrankungen – zu behandeln. Retinopathien werden unter anderem durch das unkontrollierte Wachstum kleiner Blutgefäße in der Netzhaut verursacht. Dieser Prozess wird auch Angiogenese genannt und ist vergleichbar dem Prozess, der das Tumorwachstum durch die Bildung neuer Blutgefäße beschleunigt. Man nimmt an, dass für die angiogenesehemmende Wirkung der Heidelbeeren die Anthocyanidine, die zu den Polyphenolen zählen, verantwortlich sind. Heidelbeeren enthalten diese Klasse von Substanzen, die auch die blauschwarze Farbe der Beeren hervorruft, in großer Menge. Wie ihre Farben vermuten lassen, stecken diese gesunden Polyphenole auch in Brombeeren und anderen blauschwarzen und dunkelvioletten Früchten wie Holunderbeeren, Schwarzen Johannisbeeren, Schlehen oder dunkelroten Kirschen.

❖ In Nordamerika setzten schon die Indianer die Cranberry, eine Verwandte der europäischen Moos- und Preiselbeeren, zur Behandlung von Blasenentzündungen ein. Inzwischen gibt es dafür eine wissenschaftliche Erklärung: Bestimmte Inhaltsstoffe aus der Gruppe der Proanthocyanidine verhindern das Andocken der krankheitsauslösenden Bakterien an Zellen der Harnröhre und sorgen so dafür, dass die eingedrungenen Bakterien ausgeschwemmt werden. Proanthocyanidine scheinen darüber hinaus wie Anthocyanidine eine angiogenesehemmende Wirkung zu haben.

Kurz gesagt verdienen Beeren einen Vorzugsplatz in einer gesundheitsorientierten Ernährungsweise. Und wie angenehm ist es da, dass die Einbeziehung dieser köstlichen Früchte in die tägliche Ernährung auch ihres Geschmacks wegen begeistert!

Was sind Beeren?

Beim Stichwort Beere denkt wohl jeder an diese Eigenschaften: klein, rund, weich. So wollen wir es auch in diesem Buch halten.

Die Botanik dagegen definiert Beeren so: »Eine Beere ist eine aus einem einzigen Fruchtknoten hervorgegangene Schließfrucht.« Damit zählen Obst- und auch Gemüsearten zu den Beeren, von denen man es kaum vermutet. Umgekehrt tragen einige Früchte das Wort Beere im Namen, die im botanischen Sinne keine Beeren sind.

Zu den Beeren zählen nach der botanischen Definition:

* Johannisbeeren
* Stachelbeeren
* Jostabeeren
* Heidelbeeren
* Preiselbeeren
* Cranberrys

Weiterhin zählen zu den Beeren Weintrauben, Bananen, Datteln, Kürbisse, Zucchini, Gurken, Paprikas, Tomaten, Kakis, Kiwis, Auberginen, Papayas, Granatäpfel, Avocados, Zitronen, Orangen, Melonen und Kakaofrüchte.

Ist die Außenschicht hart, wie etwa beim Kürbis oder bei Gurken, so spricht der Botaniker von einer Panzerbeere. Wir wollen die gemüsigen Beeren für dieses Buch nicht berücksichtigen, da sie nach allgemeinem Verständnis keine Beeren sind. Ebenso schließen wir einige Obstarten aus, die zwar nach botanischer Definition Beeren sind, aber allgemein nicht als solche angesehen werden. Trauben – auch Weinbeeren genannt – bleiben ebenfalls außen vor, da sie den Rahmen dieses Buches sprengen würden. Den Trauben und dem Wein sind zahlreiche eigene Bücher gewidmet.

Umgekehrt nehmen wir für dieses Buch diejenigen Früchte hinzu, die allgemein als Beeren angesehen werden, nach botanischer Definition jedoch keine Beeren sind.

Das sind:

- ❖ **Erdbeeren,** botanisch Sammelnussfrüchte
- ❖ **Himbeeren,** botanisch Sammelsteinfrüchte
- ❖ **Brombeeren,** botanisch Sammelsteinfrüchte
- ❖ **Boysenbeeren** und **Loganbeeren,** botanisch Sammelsteinfrüchte
- ❖ **Holunderbeeren,** botanisch Steinfrüchte
- ❖ **Sanddornbeeren,** botanisch Nüsse, gelegentlich auch den Schein-Steinfrüchten zugeordnet

Dieses Buch geht also vom allgemeinen Beerenbegriff aus – Beeren sind demnach: klein, rund, weich und süß.

Beeren im Garten

Beerensträucher oder -stämmchen, ein Beet oder eine Beerenhecke passen oft auch da, wo kein Platz für große Bäume ist. Das Schöne kann mit dem Nützlichen verbunden werden. Brombeeren oder Himbeeren wachsen auch am Zaun, an einer Wand oder können den Zier- vom Gemüsegarten trennen. Typische Waldpflanzen wie Heidelbeeren, Erdbeeren und Himbeeren gedeihen selbst im Halbschatten. Auf schmalen Streifen können verschiedene Johannisbeersträucher (rot, weiß, schwarz), Stachelbeerbüsche (grün, gelb, rot) und Jostabeeren gepflanzt werden. Zur Unterpflanzung der Sträucher und als Bodendecker bieten sich zum Beispiel die kleinen Monatserdbeeren an, die anders als die großfrüchtigen Züchtungen ausdauernd sind, oder Cranberrys. So ein »fruchtiger« Pflanzstreifen zur windigen Nordseite kann die Gemüsebeete schützen.

Jedenfalls sollten in einem genügend großen Garten unbedingt einige Beeren zum Obstsortiment gehören. Neben Johannisbeeren, Erdbeeren, Himbeeren und Brombeeren sind auch Holunder oder Sanddorn in der Küche willkommen. Beeren aus dem eigenen Garten sind der Frische wegen ein Genuss. Diese Selbstversorgung ist gesund, schmeckt ausgezeichnet und bringt Abwechslung auf den Tisch.

Ich möchte Sie ermuntern, einfach mal loszulegen, ohne aus dem Anbau eine Wissenschaft zu machen. Erwerbsanbauer müssen selbstverständlich anders vorgehen, aber Erfolge wie Misserfolge gehören immer zur Landwirtschaft. Die Natur ist nicht genormt, das Wetter schlägt mitunter Kapriolen und allerlei Getier, Wildpflanzen und Pilze wollen auch leben. So kann zwar auch einmal eine Masseninvasion bestimmter Schädlinge vorkommen, aber im Normalfall wird die Ernte nur mengenmäßig je nach Jahr unterschiedlich ausfallen.

Mit »Konkurrenz« können sowohl Pflanzen als auch Hobbygärtner meist auskommen. Das heißt, es reicht, mit ganz kon-

ventionellen Maßnahmen wie Unkrautzupfen, Wässern und bei Bedarf Schachtelhalm- oder Brennnesseltee dafür zu sorgen, dass sich die Pflanzen entwickeln können.

Damit auch Sie herrliche Beeren aus dem eigenen Garten ernten können, zunächst einige allgemeine Hinweise, bevor die Beerenarten einzeln näher besprochen werden.

❖ Achten Sie bei der Sortenwahl auf den Erntezeitpunkt. Wer zum Beispiel jedes Jahr im Juli zwei bis drei Wochen nicht zu Hause ist, sollte frühere oder spätere Sorten wählen.

❖ Ist ausschließlich Frischverzehr oder auch Vorratshaltung gewünscht? Wer die Beeren nur frisch essen möchte, kann durch geschickte Kombination verschiedener Sorten eine Staffelung der Ernte erreichen. Umgekehrt ist es besser, nicht mehrmals jeweils drei Gläser Konfitüre zu kochen, sondern einmal eine größere Menge. Bei Himbeeren beispielsweise gibt es sogenannte einmal tragende und zweimal tragende Sorten. Letztere liefern vom Sommer bis in den Herbst Früchte, während sich bei den ersteren die Ernte auf einen Zeitpunkt konzentriert.

❖ Einige Beerenarten eignen sich auch für die Topf- oder Kübelkultur. Damit können all diejenigen köstliche Beeren ernten, die zwar keinen eigenen Garten haben, jedoch Terrasse oder Balkon mit etwas mehr Platz als nur für einen Tisch und Stühle. Benötigt wird je nach Beerenart ein ausreichend großer Topf, ein sonniger Platz, regelmäßig Wasser und jedes Jahr eine Düngung.

❖ Schon bei der Pflanzung sind Kompostgaben günstig. Das gilt besonders bei schweren, lehmigen Böden. Später dient es der Gesunderhaltung, wenn in den Boden immer wieder Kompost eingearbeitet wird und mit Rindenhumus gemulcht wird.

❖ Pflanzen mit Wurzelballen wachsen besser an und können von Frühjahr bis Herbst jederzeit in den Garten gesetzt werden. Pflanzen mit losen Wurzeln sollten dagegen eher im Herbst gepflanzt werden und brauchen einen Rückschnitt, damit sie gut anwachsen.

❖ Am besten entfernen Sie nach der Ernte immer einige alte Triebe. Dadurch bleiben die Büsche licht und bilden neue, tragende Triebe. Sehr wichtig ist dieser regelmäßige Schnitt bei Himbeeren.

❖ Schädlinge sind bei Beeren selten. Gegen Mehltau, die häufigste Plage, hilft vorbeugend das regelmäßige Auslichten und im akuten Fall eine Behandlung mit Schachtelhalmtee.

Die nachfolgenden Pflanzenporträts enthalten jeweils einige Tipps zur Pflege und gegen die häufigsten Schädlinge und Krankheiten. Darüber hinaus ist der Gartenfachhandel kompetenter Ansprechpartner, wenn Beratung benötigt wird. Spezialisierte Bücher ermöglichen es bei Interesse, sich ins Thema Gärtnern unter dem einen oder anderen Aspekt näher einzuarbeiten.

»Learning by Doing« heißt ein geflügeltes Wort im Englischen. Und in der Tat werden Anleitungen erst dann richtig klar, wenn sie direkt in der Praxis umgesetzt werden. Beherzigen Sie als Neuling daher zunächst, was in den Pflanzenporträts zu den Standortansprüchen steht. Das ist wichtig, damit ein Misslingen nicht vorprogrammiert ist. Schnitt und Düngung haben dann zumindest bis nach der ersten Ernte Zeit. Die Basispflege besteht lediglich darin, Bei- oder Unkräuter klein zu halten, bei Bedarf zu wässern und einzugreifen, wenn unglücklicherweise Schädlinge oder Krankheiten auftreten. Damit ist die erste Ernte schon so gut wie gesichert. Viel Erfolg!

Johannisbeeren

Die Johannisbeeren (Gattung *Ribes*), in Österreich Ribisel genannt, gehören zu den Stachelbeergewächsen *(Grossulariaceae)*. Namensgeber für diese Beerenobstgattung ist der Johannistag (24. Juni), weil zu dieser Zeit die ersten Sorten reif werden. Johannisbeeren werden unterteilt in Rote Johannisbeere *(Ribes rubrum)*, Weiße Johannisbeere (weiße Selektionen aus *Ribes rubrum)* und Schwarze Johannisbeere *(Ribes nigrum)*. Eine Kreuzung aus Schwarzer Johannisbeere und Stachelbeere ist die Jochelbeere. Für diese hat sich das Synonym »Jostabeere« eingebürgert, wobei »Josta« eigentlich eine Sorte ist (siehe auch Seite 33).

Bei den *Ribes*-Arten und -Sorten handelt es sich um sommergrüne Sträucher, die einen bis eineinhalb Meter hoch werden können. Die grünen, bis fünffach gelappten Laubblätter riechen auffällig herb und sitzen gestielt an den Zweigen. Jeweils mehrere Einzelblüten sind in einer Blütentraube zusammengefasst. Die Blüten sind zwittrig oder eingeschlechtig, öffnen sich von April bis Mai und werden von Insekten bestäubt. Einige Johannisbeersorten sind auch selbstbefruchtend, das heißt, sie sind nicht auf die Bestäubung durch Insekten angewiesen, um Früch-

te auszubilden. Ein gesunder Johannisbeerstrauch wird durchschnittlich fünfzehn Jahre alt. In dieser Zeit bringt er fünfzig bis sechzig Kilogramm Beeren hervor.

Hauptverbreitungsgebiet der winterkahlen Sträucher sind die gemäßigten Klimagebiete der Nordhalbkugel, aber auch in Südamerika in den Anden gibt es einige Arten.

Johannisbeeren im Garten

Johannisbeeren können als Busch, als Hecke oder als Spindel gezogen werden. Im Erwerbsobstbau werden Rote und Weiße Johannisbeeren als ästige Hecke oder Spindelhecke an quer gespannten Drähten kultiviert, Schwarze Johannisbeeren können aufgrund anderer Wuchseigenschaften nur als Busch gezogen werden.

Der Standort sollte nicht zu schattig sein und keine stauende Nässe aufweisen. Je sonniger Johannisbeeren stehen, desto reicher tragen sie und desto mehr gesunde Inhaltsstoffe enthalten die Beeren. Grundsätzlich ist die Johannisbeere eine robuste Obstart, die verhältnismäßig geringe Ansprüche an den Boden stellt. Um einen guten Wuchs sicherzustellen, sollten Johannisbeeren besonders in den ersten Jahren mit Kompost gedüngt werden – allerdings dürfen Sie den Boden hierbei nur oberflächig bearbeiten, weil die Wurzeln der Sträucher knapp unter der Erdoberfläche verlaufen und leicht verletzt werden können. Besonders günstig ist auch eine Schicht Mulch aus halb verrottetem Laub, Rindenmulch, Beinwell oder Brennnesseln unter den Sträuchern.

Bei der Pflanzung ermöglicht ein guter Humusanteil im Boden der Pflanze einen besseren Start. Daher gilt es reichlich Kompost in die Pflanzgrube einzuarbeiten. Als Pflanzabstand sollten mindestens eineinhalb, besser zwei Meter zwischen den Büschen gewählt werden, damit auch in späteren Jahren die Ernte von allen Seiten durchgeführt werden kann. Sollen die Johannisbeeren als ästige Hecke wachsen, bei der pro Pflan-

ze beispielsweise drei Leittriebe mit jährlich neuen Seitentrieben erzogen werden, reicht auch ein Pflanzabstand von unter einem Meter. Setzen Sie die Pflanzen etwa zehn Zentimeter tiefer ein, als Sie in der Baumschule standen.

Die Rote und Weiße Johannisbeere trägt am ein- und mehrjährigen Holz. Die Schwarze Johannisbeere trägt nur am einjährigen Holz. Die beste Fruchtqualität findet man an den diesjährigen Kurztrieben der einjährigen Langtriebe. Sie sind zwischen fünfzehn und dreißig Zentimeter lang. Schneiden Sie nach der Ernte Langtriebe, die mehr als vier Jahre alt sind – zu erkennen am dunklen Holz –, ab: Je älter die Triebe sind, desto geringer ist die Ernte, und durch das Auslichten haben junge Triebe mehr Platz. Lassen Sie pro Jahr zwei bis drei kräftige Jungtriebe stehen, die Sie bis auf vier Knospen einkürzen, und schneiden Sie diejenigen Triebe und Zweige heraus, die nach innen, sich überkreuzend oder zu dicht wachsen, damit die Sträucher schön luftig gedeihen.

Zu den Hauptkrankheiten bei Johannisbeeren zählen der Echte Mehltau (insbesondere bei Schwarzen Johannisbeeren) mit weißlichem Pilzbewuchs auf Triebspitzen und gekrümmten Blättern und die Blattfallkrankheit, bei der die Blätter zunächst bräunliche Flecken bekommen, dann vertrocknen und abfallen. Beide Krankheiten werden durch Pilze verursacht. Gegen diese kann biologisch mit Schachtelhalmtee vorgegangen werden – ein Kilogramm frischer oder hundertfünfzig Gramm getrockneter Schachtelhalm auf zehn Liter Wasser, einen Tag ziehen lassen, anschließend eine halbe Stunde leise köcheln lassen, dann abseihen. Die befallene Pflanze wird mit dem erkalteten Sud, im Verhältnis 1:5 mit Wasser verdünnt, übergossen. Abgefallene Blätter und befallene Triebspitzen müssen vernichtet werden, um einem weiteren Befall, auch im nächsten Jahr, vorzubeugen.

Johannisbeeren können außerdem unter anderem von Blattläusen heimgesucht werden. Dagegen hilft der klassische Brennnesselauszug – ein Kilogramm frisch geerntete Brennnesseln auf zehn Liter Wasser, einen Tag durchziehen lassen.

Johannisbeergallmilben leben und brüten im Inneren der Knospen. Die Knospen schwellen dadurch schon im Winter und zeitigen Frühjahr stark an und treiben nicht aus. Diese Rundknospen sollten im März und April abgesammelt werden. Stark befallene Triebe sollten abgeschnitten werden.

Taucht der Stachelbeerspanner auf Johannisbeeren auf, sammeln Sie die Raupen und Kokons am besten ab.

Ein weiterer Schädling ist der Johannisbeerglasflügler, ein Schmetterling. Dessen Larven bohren sich durch Schnittwunden ins Mark der Triebe und bringen diese zum Absterben. Schneiden Sie befallene Triebe aus und vernichten Sie diese.

Gegen Vogelfraß schließlich hilft ein Netz.

Rote Johannisbeersorten für den Garten – eine Auswahl:

❖ **Jonkheer van Tets:** reift früh, ab Ende Juni, deshalb Blüte spätfrostgefährdet; mittelstarker Wuchs; hohe Neigung zum Verrieseln (die Beeren fallen vor allem aufgrund von schlechter Witterung von den Trauben); anfällig gegenüber der Blattfallkrankheit; fruchtet am kurzen Holz; Frucht dunkelrot, mittellange Trauben mit großen Beeren, angenehmer Geschmack bei Vollreife; hohe Saftausbeute; hoher Ertrag.

❖ **Rotet:** reift mittelspät, bis Ende Juli; starker Wuchs; verrieselt wenig; kaum anfällig gegenüber Krankheiten und Schädlingen; fruchtet am langen Holz; Frucht dunkelrot, sehr lange Trauben mit gleichmäßig großen Beeren, guter Geschmack; hohe Saftausbeute, vielseitig verwendbar; hoher Ertrag.

❖ **Rovada:** reift mittelspät; ausladender Wuchs, der gestützt werden sollte; verrieselt wenig; fruchtet am langen Holz; Frucht rot, lange Trauben mit mittelgroßen Beeren, die bei Regen platzen können; gut lagerbar; sehr hoher Ertrag; Hauptsorte in Mitteleuropa.

Weiße Johannisbeersorten für den Garten – eine Auswahl:

❖ **Primus:** reift mittelfrüh; schwacher Wuchs; Frucht gelblich weiß, klein, süß und aromatisch; mittlerer Ertrag.

❖ **Weiße aus Jüterbog:** reift mittelfrüh, bis Mitte Juli; starker, aufrechter, verzweigter Wuchs; kaum anfällig für Krankheiten und Schädlinge; Frucht gelblich weiß, groß und mild aromatisch; mittlerer Ertrag.

❖ **Blanka:** reift mittelspät bis spät; starker, aufrechter Wuchs; Frucht gelblich, lange kompakte Trauben mit mittelgroßen Beeren; hoher Ertrag.

Schwarze Johannisbeersorten für den Garten – eine Auswahl:

❖ **Silvergieters Schwarze:** reift früh bis mittelfrüh, ab Anfang Juli, deshalb Blüte spätfrostgefährdet; mittelstarker, aufrechter Wuchs; anfällig gegenüber Gallmilben; Frucht schwarz,

27

lange, lockere Trauben mit mittelgroßen, süß aromatischen Früchten; mittelhoher Ertrag.

❖ **Titania:** reift mittelfrüh, ab Mitte Juli; starker, aufrechter, bis mannshoher Wuchs; mehltauresistent; Frucht schwarz, kurzer Traubenstiel mit großen Beeren; für Frischverzehr und Saft geeignet; hoher Ertrag.

Johannisbeeren in der Küche

Rote, Weiße und Schwarze Johannisbeeren eignen sich zum Rohverzehr, in sommerlichen Obstsalaten und für Desserts, Kuchen und Torten. Gerne werden sie auch mit anderen Beeren gemischt, beispielsweise für die bekannte Rote Grütze. In haltbarer Form ist Johannisbeergelee beliebt – es hat gegenüber der Johannisbeerkonfitüre den Vorteil, dass es keine Kernchen mehr enthält. Ernten Sie die ganzen Trauben und streifen Sie die Beeren erst nach dem Waschen von den Stielen.

Johannisbeeren für die Gesundheit

Johannisbeeren sind ausgezeichnete Vitamin-C-Lieferanten, und vor allem die Schwarze Johannisbeere ist sehr mineralstoffreich. Die Blätter der Schwarzen Johannisbeere verwendet man gelegentlich in Arzneitees, sie wirken schweißtreibend und anregend auf die Nieren.

Die Schwarze Johannisbeere ist unter gesundheitlichen Aspekten interessanter als die in der Küche beliebtere Rote Johannisbeere, denn Schwarze Johannisbeeren enthalten reichlich gesunde Anthocyane. Das Kernöl der schwarzen Beere enthält einen sehr hohen Anteil an Gamma-Linolensäure, einer Fettsäure, an der es Menschen, die an Neurodermitis leiden, mangeln kann. Gamma-Linolensäure aus rein biologischen Quellen wie dem Kernöl der Schwarzen Johannisbeere kann in konzentrierter Form als Nahrungsergänzungsmittel zugeführt werden und diese Erkrankung lindern. Schon im 12. Jahrhundert verwendete man die Johannisbeere bei Hautproblemen.

Stachelbeeren

Die Stachelbeere *(Ribes uva-crispa)* ist ein zu den Stachelbeer-gewächsen *(Grossulariaceae)* zählender winterkahler Strauch. Ihren Ursprung haben die Stachelbeeren wahrscheinlich im Himalayagebiet. Kultiviert wird diese Obstart seit dem 14. oder 15. Jahrhundert. Besonders im England des 18. und 19. Jahrhunderts erlebte sie eine Blütezeit. Innerhalb weniger Jahrzehnte wurden damals über vierhundert Sorten gezüchtet.

Der verzweigte Strauch wird zwischen sechzig und hundertzwanzig Zentimeter hoch. An den Zweigen sitzen ein- bis dreiteilige Dornen und bis fünffach gelappte grüne Blätter. Es gibt auch dornenlose Sorten. Dornen sind im Unterschied zu Stacheln Holzauswüchse, die sich schwer abbrechen lassen, während man Stacheln als Rindenauswüchse leicht abbrechen kann. Rosen beispielsweise haben Stacheln.

Die grünlich rotbraunen Blütenglöckchen der Stachelbeere stehen meist einzeln, nur selten zu zweit oder zu dritt und werden von Insekten besucht. Sie öffnen sich sehr früh im Jahr, manchmal schon Ende März und sind deshalb – besonders in Süd- oder Südwestlagen, die eine frühe Blüte wahrscheinlicher machen – spätfrostgefährdet. Wie bei den Johannisbeeren gibt es auch bei den Stachelbeeren Sorten, die selbstbefruchtend sind, also für die Bestäubung keine Insekten brauchen. Stachelbeeren tragen wie die Rote Johannisbeere am ein- und mehrjährigen Holz.

Die saftigen Beeren reifen je nach Sorte von Juni bis August und haben Durchmesser von einem bis zwei Zentimeter. Ihre Farben reichen von weißlichem Grün und Grün über Gelb bis hin zu hellem Rot und Dunkelrot.

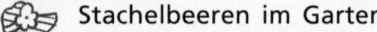

Stachelbeeren im Garten

Die Pflanze bevorzugt nährstoffreichen, feuchten Lehmboden ohne Staunässe. Reichern Sie durchlässigen Sandboden deshalb mit Humus an und wässern Sie regelmäßig bei Trockenheit. Der Standort der Stachelbeere sollte hell, aber nicht in praller Sonne und windgeschützt sein, da sonst Sonnenbrandgefahr besteht. Stachelbeeren gedeihen aber auch an schattigen Plätzen. Für den Pflanzabstand sollten Sie etwa zwei Meter wählen – dann ist später eine bequeme Ernte ringsherum möglich. Setzen Sie die Stachelbeersträucher etwa zehn Zentimeter tiefer ein, als sie in der Baumschule standen.

Stachelbeerbüsche sind recht robuste Gewächse, die auch ohne viel Pflege meist eine gute Ernte hervorbringen. Ein regelmäßiger Schnitt nach der Ernte oder im Herbst wirkt einer mühsamen Ernte, bei der man sich im Zweiggewirr an den Dornen sticht, und vielen kleinen statt großen Beeren entgegen. Bei der Stachelbeere sollten Sie die sich überkreuzenden und die nach unten und innen wachsenden Triebe herausschneiden. Schneiden Sie alte, dunkle Triebe heraus und lassen Sie jedes Jahr einige kräftige Jungtriebe heranwachsen, die Sie im Herbst bis auf vier Knospen kürzen. Übrig bleibt ein Busch oder Hochstämmchen mit drei bis fünf starken Haupttrieben und vielen Kurztrieben.

Wenn im zeitigen Frühjahr organischer Dünger wie Laubkompost breitflächig um die Pflanze herum ausgestreut und flach in den Boden eingearbeitet wird, fördert dies die Bildung großer, saftiger Beeren. Die Wurzeln der Stachelbeere befinden sich nur knapp unter der Erdoberfläche, weshalb Sie den Boden im Bereich der Pflanze nicht umgraben sollten. Stachelbeersträucher lieben wie Johannisbeeren eine Mulchschicht zu ihren Füßen (siehe Seite 24).

Mehltau ist die häufigste Erkrankung der Stachelbeere. Auf befallenen Blättern, unreifen Früchten und den Spitzen der Triebe findet man einen weißen Pilzbelag. Wie bei der Johan-

nisbeere kann dagegen mit Schachtelhalmtee vorgegangen werden (siehe Seite 26). Die befallene Pflanze wird mit dem erkalteten Sud übergossen. Abgefallene Blätter und befallene Triebe müssen vernichtet werden, um einem weiteren Befall, auch im nächsten Jahr, vorzubeugen. Wählen Sie bei starkem Befallsdruck mehltauresistente Sorten.

Blattläuse verursachen Missbildungen an den Blättern. Auch bei Stachelbeerbüschen hilft gegen sie ein Brennnesselauszug – ein Kilogramm frisch geerntete Brennnesseln auf zehn Liter Wasser, einen Tag durchziehen lassen.

Spinnmilben lassen die Blätter vertrocknen. Bei mäßigem Befall hilft wie bei den Johannisbeeren das Entfernen der stark befallenen Zweige und der angeschwollenen Rundknospen (siehe auch Seite 26).

Bei einem Befall mit Stachelbeerblattwespen sind die Blätter zerfressen. Die grünen, länglichen Larven sind gut zu erkennen und können abgesammelt werden.

Zu spät erkannt wird oft der Stachelbeerspanner, die Raupe eines Schmetterlings. Plötzlich sind dann die Sträucher kahl gefressen. Vorbeugend wird das Entfernen des Falllaubes empfohlen, bei rechtzeitigem Erkennen des Schädlings das Absammeln der Raupen und Kokons. ·

Generell gilt: Wer Schädlinge nicht chemisch bekämpfen möchte, sollte schon beim Pflanzen widerstandsfähige Sorten wählen und Nützlinge wie Meisen im Garten fördern.

Grüne und gelbe Stachelbeersorten für den Garten – eine Auswahl:

❖ **Invicta:** reift früh, ab Mitte Juni; starker, aufrechter Wuchs; kurze weiche Dornen; mehltauresistent; Frucht grüngelb, leicht behaart, mittelgroß, oval mit dicker Schale; leicht pflückbar; hoher Ertrag.

❖ **Reverta:** reift früh, ab Mitte Juni; mehltauresistent; empfindlich gegenüber Frost; Frucht gelbgrün, leicht behaart und sehr süß, platzanfällig bei Regen.

❖ **Weiße Triumphbeere:** reift mittelfrüh, ab Anfang Juli; robuster, aufrechter Wuchs; etwas anfällig gegenüber Mehltau, ansonsten wenig anfällig gegenüber Krankheiten und Schädlingen; frostfest; Frucht grün mit dünner Schale, leicht behaart, groß und fein aromatisch; hoher Ertrag.

❖ **Weiße Neckartal:** reift mittelfrüh, ab Anfang Juli; starker, dichter Wuchs; anfällig gegenüber Mehltau, ansonsten wenig anfällig gegenüber Krankheiten und Schädlingen; Frucht grünlich weiß, mittelgroß und dünnschalig mit ausgezeichnetem Geschmack; hoher Ertrag.

❖ **Reflamba:** reift spät; starker, sparriger Wuchs; lange Dornen; wenig anfällig gegenüber Mehltau; Frucht grün, groß, eiförmig, platzfest mit süßem, aromatischem Geschmack; Beeren halten sich lange am Strauch; hoher Ertrag.

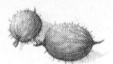

Jostabeeren

Die Jostabeere oder Jochelbeere *(Ribes × nidigrolaria)* ist eine Kreuzung aus den beiden Arten Schwarze Johannisbeere *(Ribes nigrum)* und Stachelbeere *(Ribes uva-crispa)*. Der Name »Jostabeere« wurde aus den Namen der Kreuzungspartner gebildet. Um mehltauresistente Beerensorten zu züchten, wurden erste Kreuzungen zwischen der Wilden Johannisbeere *(Ribes succirubrum)* und mehreren Stachelbeersorten *(Ribes uva-crispa)* bereits Anfang des letzten Jahrhunderts durchgeführt. Das Ergebnis war die Jochelbeere. Stärkere Verbreitung – vor allem in Hausgärten – findet die Hybride aber erst seit den 1970er-Jahren.

Jostabeeren wachsen in Trauben und sind größer als Schwarze Johannisbeeren, aber kleiner als Stachelbeeren. Sie reifen recht früh von Mitte Juni bis Juli, ihre hübschen Blüten sind deshalb spätfrostgefährdet. Im reifen Zustand sind Jostabeeren schwarz bis schwarzrot mit ähnlichem Aroma wie Schwarze Johannisbeeren und hohem Vitamin C-Gehalt.

Jostabeerensträucher benötigen genauso viel Platz wie Stachelbeersträucher – gelegentlich wachsen sie noch üppiger, vor allem in die Breite. Pflanzen Sie Jostabeerensträucher deshalb am besten im Abstand von knapp zwei Metern. Sorten sind beispielsweise 'Josta' und 'Jostine', letztere mit besonders feinem Aroma. Aus Jostabeeren lassen sich hocharomatische Konfitüren und Saft herstellen. Die Früchte schmecken aber auch roh sehr gut.

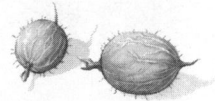

Rote Stachelbeersorten für den Garten – eine Auswahl:

❖ **Rokula:** reift früh, ab Mitte Juni; dornenreich; mehltauresistent; Frucht dunkelrot, unbehaart, klein, zarte Schale und guter Geschmack, platzanfällig bei Regen; hoher Ertrag.

❖ **Pax:** reift mittelfrüh, ab Anfang Juli; dornenlos; mehltauresistent; Frucht rot, leicht behaart und groß; hoher Ertrag.

 Stachelbeeren in der Küche
Stachelbeeren schmecken als Kompott und Kuchenbelag, Marmelade und Hauswein.

Stachelbeeren für die Gesundheit
Stachelbeeren enthalten im rohen Zustand sehr viel Vitamin C, reichlich Mineralstoffe, Ballaststoffe und sekundäre Pflanzenstoffe, die vor allem in Schalen und Kernen stecken. Durch ihren hohen Fruchtsäuregehalt wirken – vor allem knapp reif gepflückte – Stachelbeeren leicht abführend.

Himbeeren

Die Himbeere *(Rubus idaeus)* ist eine Pflanzenart der Gattung *Rubus,* die zur Familie der Rosengewächse *(Rosaceae)* zählt. Die Gattung umfasst mehrere tausend Arten, am bekanntesten sind Himbeere und Brombeere.

Von Natur aus sind Himbeeren rot. Außer den bekannten roten Beeren gibt es gelbe Zuchtformen und seltener solche mit schwarzen Beeren. Himbeerruten werden bis zu zwei Meter hoch. An den Ruten sitzen die grünen, unterseitig hellen, gezähnten bis siebenteilig gefingerten Blätter und feine Stacheln.

Je nach Sorte bilden die Pflanzen zwischen Mai und August an den Ruten sitzende rispenförmige Blütenstände mit weißen Blüten, die von Juni bis zum ersten Frost im Spätherbst zu Früchten reifen. Himbeeren sitzen lose an den Blütenböden und können beim Pflücken leicht von diesen abgezogen werden.

Die natürlichen Verbreitungsgebiete der Himbeere sind lichte Wälder, Waldlichtungen und Waldränder der gemäßigten bis kühlen Klimazonen, im Gebirge wächst sie in Lagen bis zweitausend Meter Höhe. Himbeeren sind Pionierpflanzen und gehören zu den ersten Pflanzen, die kahle Flächen nach einer Rodung neu besiedeln.

Himbeeren im Garten

Die Himbeere bevorzugt halbschattige Lagen mit hoher Luftfeuchtigkeit und kühlen Sommertemperaturen. Die Pflanzen mögen keine Staunässe und wachsen am besten in lockerer, humusreicher, leicht saurer Erde. Ihr sehr empfindliches Wurzelsystem ist anfällig gegenüber Wurzelkrankheiten. Die Vermehrung erfolgt in der Regel durch Wurzelausläufer, manchmal auch über Absenker und Samen. Himbeeren sind selbstbefruchtend, es fördert jedoch den Fruchtansatz und die Fruchtqualität, wenn Sie zwei oder mehr Sorten kombinieren.

Vor der Pflanzung ist es gut, die Wurzeln der Ruten fünfzehn Minuten zu wässern, besser noch in Ackerschachtelhalmbrühe zu tauchen, das beugt Wurzelkrankheiten vor. Geben Sie für die Ackerschachtelhalmbrühe auf hundert Gramm Ackerschachtelhalm einen Liter Wasser und lassen Sie die Brühe mindestens zwölf Stunden stehen. Abgestorbene und abgeknickte Wurzeln sollten Sie vorsichtig abschneiden, gesunde Wurzeln um einen Zentimeter kürzen und die Jungtriebe auf etwa fünfundzwanzig Zentimeter einkürzen. Etwas Kompost im Pflanzloch schätzen Himbeeren sehr. Immer gut angießen und aufkeimendes Unkraut sofort herausziehen. Im Pflanzgefäß auf dem Balkon oder der Terrasse benötigt eine Himbeerpflanze mindestens einen Quadratmeter Platz. Wenn Sie die Himbeeren regelmäßig mit Nadelkompost, Grasschnitt, Rindenhumus, Laub oder Laubkompost mulchen, haben Unkräuter kaum eine Chance. Mischen Sie wenn möglich einige Beinwellblätter unter den Mulch – Beinwell versorgt Ihre Himbeeren mit dem für sie sehr notwendigen Nährstoff Kalium.

Himbeeren können Sie ausgezeichnet als Hecke entlang eines Drahtrahmens ziehen. Lassen Sie pro Laufmeter etwa zehn Fruchtruten stehen und binden Sie diese am quer gespannten Draht auf. Während und nach der Reifezeit wachsen aus den Wurzeln neue Ruten nach.

Man unterscheidet Sommer- und Herbsthimbeeren.

Sommerhimbeeren tragen von Juni bis Juli an vorjährig herangewachsenen Ruten. Diese Ruten vertrocknen nach der Reifezeit und werden anschließend dicht über dem Boden abgeschnitten. Die tragenden Ruten für das kommende Jahr wachsen ab Mai aus den Wurzeln hervor. Binden Sie diese Jungtriebe auf, sobald sie groß genug sind.

Herbsthimbeeren blühen zweimal: Die ersten Blüten bilden sich im Spätsommer an den Triebspitzen der diesjährigen, ab Mai herangewachsenen Jungtriebe. Die Himbeeren werden ab August reif. Im Winter trocknen die abgetragenen oberen Teile der Triebe ein und können ab November bodennah abgeschnitten werden. Sie können diese Triebe jedoch auch stehen lassen: Blütenknospen am unteren Teil, die sich im Spätsommer noch nicht geöffnet haben, entwickeln sich dann im folgenden Jahr wie bei den Sommerhimbeeren und ermöglichen eine zweite kleinere Ernte. Wie bei den Sommerhimbeeren vertrocknen die abgetragenen Ruten und werden anschließend knapp über dem Boden abgeschnitten. Für einen guten Herbstertrag empfiehlt es sich allerdings, diese kleinere zweite Ernte bereits etwa drei Wochen nach Erntebeginn abzubrechen und die Ruten abzuschneiden. So haben die Jungtriebe genügend Kraft für eine gute Entwicklung.

Eine wichtige Krankheit bei Himbeeren ist die Rote Wurzelfäule *(Phytophthora fragariae var. rubi),* die durch einen Pilz verursacht wird. Die befallenen Ruten sterben kurz vor der Ernte innerhalb kürzester Zeit ab und vertrocknen. Aus der

Wurzel wachsen weniger Jungtriebe hervor und langfristig stirbt der Wurzelstock. Kompost – flach in den Boden eingearbeitet, um die empfindlichen Wurzeln nicht zu verletzen – kann vorbeugend gegen die Rote Wurzelfäule helfen, weil die Bodenpilze im Kompost gegen die Phytophthora wirken. Es gibt auch Himbeersorten mit Resistenz gegenüber Wurzelkrankheiten.

Eine weitere wichtige Krankheit ist die Rutenkrankheit, die ebenfalls durch einen Pilz verursacht wird. Dieser dringt durch kleine Verletzungen an den Ruten in diese ein, die Ruten bekommen zunächst dunkle Flecke, dann wird die Rinde braun und platzt auf, und die Rute stirbt kurz vor der Ernte ab. Achten Sie darauf, dass Ihre Himbeeren nicht zu dicht stehen, denn ein enges Beieinander fördert den Befall. Schneiden Sie befallene Ruten bodennah ab und vernichten Sie diese. Vorbeugend wirken Schachtelhalmtee (siehe Seite 26) und eine schützende Mulchschicht.

Gegen Blattläuse, die auch vor Himbeeren nicht Halt machen, hilft Brennnesselbrühe (siehe Seite 26). Diese können Sie auch vorbeugend gegen andere Schädlinge an Himbeeren anwenden: Das sind vor allem der Himbeerkäfer, dessen Nachkommen als Würmchen in den Früchten heranwachsen, und der Himbeerblütenstecher, dessen Weibchen seine Eier in die Blüten legt und diese anschließend so anstickt, dass die Blüten abknicken. Der Himbeerkäfer befliegt die Pflanzen ab April, knabbert zunächst an den Blättern und kann dadurch entdeckt werden.

Rote Sommerhimbeersorten für den Garten – eine Auswahl:

- ❖ **Meeker:** reift mittelspät, ab Anfang Juli; starker Jungtriebwuchs; frostempfindlich, empfindlich gegenüber Trockenheit; widerstandsfähig gegenüber Rutenkrankheiten und Wurzelsterben; Frucht mittelgroß, fest, gut haltbar mit ausgezeichnetem Aroma; sehr hoher Ertrag.
- ❖ **Rubaca:** reift mittelspät, ab Anfang Juli; robust, starker Wuchs; widerstandsfähig gegenüber Wurzelkrankheiten; Frucht mittelgroß, rundlich, weich mit gutem Geschmack; hoher Ertrag.
- ❖ **Zeva 2:** reift mittelspät, ab Anfang Juli; starker Wuchs mit zahlreichen Jungtrieben; wenig anfällig gegenüber Krankheiten und Schädlingen; wenig anspruchsvoll an den Standort; Frucht dunkelrot, mittelgroß bis groß mit bestem Aroma; sehr hoher Ertrag.
- ❖ **Schönemann:** reift mittelspät, ab Anfang Juli; widerstandsfähig gegenüber Rutenkrankheiten, anfällig gegenüber Wurzelkrankheiten; Frucht groß, länglich, gut haltbar mit gutem etwa säuerlichem Geschmack; hoher Ertrag; Hauptsorte in Deutschland.
- ❖ **Glen Ample:** reift mittelspät, ab Anfang Juli; starker, aufrechter Wuchs; stachellos; etwas frostempfindlich; Frucht groß, fest mit sehr gutem Geschmack; hoher Ertrag.

❖ **Nootka:** reift mittelspät, ab Anfang Juli; mittelstarker Wuchs; Frucht dunkel, groß, weich und sehr aromatisch; mittlerer Ertrag.

Rote Herbsthimbeersorten für den Garten – eine Auswahl:

❖ **Autumn Bliss:** reift ab Mitte August, lange Ernte; starker Wuchs mit stabilen Ruten; robust; widerstandsfähig gegenüber Rutenkrankheiten; Frucht groß, mittelfest mit mittlerem Aroma; sehr hoher Ertrag.

❖ **Rumiloba:** reift sehr spät; starke Ruten; Frucht sehr groß mit aromatischem Geschmack; mittlerer Ertrag.

Gelbe und schwarze Himbeersorten für den Garten – eine Auswahl:

❖ **Golden Everest:** Sommerhimbeere; reift mittelspät, ab Anfang Juli; starker Wuchs mit zahlreichen Jungtrieben; wenig anfällig gegenüber Krankheiten und Schädlingen; Frucht gelb, groß und aromatisch.

❖ **Golden Bliss:** Sommerhimbeere; reift mittelspät, ab Anfang Juli; wenig anfällig gegenüber Wurzelkrankheiten und Rutenkrankheit; gedeiht auch in Kübeln; Frucht gelb, groß und aromatisch; hoher Ertrag.

❖ **Black Jewel:** Sommerhimbeere; reift mittelspät, ab Mitte Juli bis August; mittelstarker Wuchs; robust; wenig anfällig gegenüber Krankheiten und Schädlingen; Frucht schwarz, rundlich, groß mit süßem, edlem Aroma; hoher Ertrag.

❖ **Goldfrucht:** Herbsthimbeere; reift ab Mitte August bis Mitte Oktober; Frucht goldgelb, süß, kräftig duftendes Aroma.

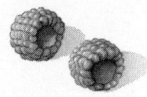

Himbeeren in der Küche

Himbeeren haben ein hervorragendes Aroma, und wer wenigstens ein kleines Plätzchen – entlang eines Zaunes, am Rand – im Garten hat, sollte nicht auf sie verzichten. Am besten schmecken sie roh verzehrt, aber auch Marmelade, Gelee, Kompott – denken Sie an den Klassiker Vanilleeis mit heißen Himbeeren – oder Saft sind Delikatessen in der Küche. Die Früchte behalten überdies beim Backen ihr Aroma und schmecken deshalb auch ausgezeichnet im Kuchen, beliebt sind sie beispielsweise im Käsekuchen.

Himbeeren für die Gesundheit

Himbeeren sind reich an Vitaminen, Mineralstoffen und Ballaststoffen. Die in ihnen enthaltenen Anthocyane und Ellagsäure wirken als bioaktive Pflanzenstoffe gegen freie Radikale (siehe auch Seite 13). Himbeerblättertee – vor allem aus den Triebspitzen – ist wohlschmeckend und wird für Umschläge bei Hautentzündungen, zum Gurgeln bei Hals- und Mandelentzündungen und zum Trinken bei Bronchialkatarrh, Heiserkeit, Grippe, Durchfall und zur Blutreinigung empfohlen. Der Tee soll außerdem einen günstigen Einfluss auf Wehen haben und die Entbindung erleichtern. Der Fruchtsaft wird bei Fieber und Nierenerkrankungen eingesetzt.

Brombeeren

Die Echte Brombeere *(Rubus fructicosus)* zählt wie die Himbeere *(Rubus idaeus)* zur Gattung *Rubus* aus der Familie der Rosengewächse *(Rosaceae)*. Allein in Mitteleuropa sind die Brombeeren, auch Schwarzbeeren oder Kratzbeeren genannt, mit über siebzig Arten vertreten.

Brombeeren sind Kletterpflanzen, deren Ranken bis mehrere Meter hoch wachsen. Die Ranken haben je nach Sorte unterschiedlich viele Stacheln – es gibt auch stachellose Sorten –

Loganbeeren und Boysenbeeren

Durch Kreuzungen von Himbeeren mit Brombeeren entstand unter anderem die Loganbeere.

Die Loganbeere *(Rubus loganobaccus)* ist eine Kreuzung aus einer kalifornischen Wildbrombeere und einer Himbeere. Loganbeerensträucher haben eine ähnliche Wuchsform wie Brombeeren, wobei ihre Ranken wie bei Himbeeren mit feinen Stacheln besetzt sind. Der Strauch verliert im Herbst sein Laub und kann bis zu fünf Meter hoch werden. Er ist frostempfindlich und sollte in winterkalten Lagen dick mit Strohmatten oder Folie eingepackt werden. Logenbeeren blühen im Juli und August. Die Früchte sind groß, länglich und zapfenförmig, purpurrot und recht säuerlich. Erst wenn die Beeren vollreif sind, verlieren sie etwas an Säure und munden auch roh genossen. Loganbeeren lassen sich gut zu Konfitüren oder Kompott verarbeiten.

Die Boysenbeere ist eine Rückkreuzung der Loganbeere mit der Himbeere und Brombeere. Der Strauch ist weniger frostempfindlich als die Loganbeere, aber bei Temperaturen unter zwölf Grad Minus erfriert auch er, sodass in kalten Wintern ein entsprechender Schutz notwendig ist. Boysenbeeren sind groß, weich, von tiefroter bis schwarzer Farbe und haben ein fein säuerliches, wenig ausgeprägtes Aroma. Marmelade aus Boysenbeeren schmeckt gut auf frisch gebackenen Vollkornbrötchen.

und verholzen nach einiger Zeit. An den Ranken sitzen die grünen, unterseitig hellen, gezähnten bis siebenteilig gefingerten Blätter. Sie werden im Winter nicht abgeworfen. Die Stacheln dienen der Pflanze als Kletterhilfe und Fraßschutz.

Brombeeren vermehren sich wie Himbeeren über Samen, Wurzelausläufer und Absenker. Für einen Absenker senken Sie eine Ranke auf die Erde, fixieren diese dort und bedecken sie mit Erde, sodass die Triebspitze aus der Erde sieht. An der Ranke bilden sich Wurzeln, und die neue Ranke kann dann von der Mutterpflanze abgetrennt werden.

Brombeeren blühen an speziellen Seitentrieben der letztjährig herangewachsenen Triebe. Zwischen Juni und August öffnen sich die weißen bis rosafarbenen Blüten, aus denen sich die blauschwarzen Früchte entwickeln. Im Unterschied zur Himbeere sind die Früchte fest an die Blütenböden gebunden. Reife Brombeeren gibt es von Juli bis Oktober.

Brombeeren im Garten

Brombeeren bevorzugen ähnliche Standorte wie Himbeeren (siehe Seite 35). Am besten gedeihen sie in sonnigen bis halbschattigen Lagen mit ausgeglichenem milden Klima. Frühe, kalte und schneearme Winter behagen ihnen weniger. Der Boden sollte möglichst humusreich und feucht, aber ohne stauende Nässe sein. Auch Brombeeren schätzen eine Mulchschicht aus Nadelkompost, halb verrottetem Laub oder Rindenhumus zu ihren Füßen. Pflanzen Sie rankende Sorten mit einem Abstand vor drei bis vier Metern und aufrecht wachsende Sorte mit einem Abstand von einem Meter zwischen den Pflanzen. Ziehen Sie Brombeeren am besten wie Himbeeren entlang eines quer gespannten Drahtes. Lassen Sie dabei pro Jahr vier bis sieben Jungtriebe pro Laufmeter oder vier bis acht Jungtriebe pro Pflanze stehen und binden Sie diese am Draht auf. Stachellose und aufrecht wachsende Brombeersorten können auch eine Gartenlaube, Veranda oder einen Zaun begrünen. Wegen des starken Wuchses sollten alle Brombeersorten regelmäßig geschnitten werden. Schneiden Sie hierbei die Tragranken nach der Ernte bodennah ab. Da die Pflanzen sehr schnell aus den Wurzeln nachwachsen, ist dieser Schnitt auch bei Krankheiten am besten.

Brombeeren können an der Rankenkrankheit leiden, die wie die Rutenkrankheit der Himbeeren durch einen Pilz verursacht wird und sich ähnlich wie diese äußert (siehe Seite 37). Eine weitere Pilzerkrankung, die Brombeeren im ungünstigen Fall zu schaffen macht, ist der Falsche Mehltau. Hierbei verfärben sich einzelne Blätter ausgehend von einer kleinen Fläche braun und unreife Früchte vertrocknen. Entfernen Sie befallene Pflanzen und Ranken, sobald Sie die Anzeichen bemerken, weil sich der Erreger leicht verbreitet.

Brombeersorten für den Garten – eine Auswahl:
- ❖ **Waldo:** reift sehr früh, ab Ende Juni mit langer Erntezeit; mittelstarker Wuchs; stachellos; Frucht sehr groß und sehr aromatisch; hoher Ertrag.

Sträucher im Frühjahr oder Herbst pflanzen?

Beerensträucher mit Wurzelballen können im Frühjahr in die Erde gebracht werden – nur darf der Boden nicht mehr gefroren sein. Ein Pflanzschnitt ist bei diesen Sträuchern nicht notwendig. Ware mit Wurzelballen oder im Topf ist allerdings teurer als wurzelnacktes Pflanzgut. Für wurzelnackte Sträucher gilt der alte Gärtnergrundsatz, dass die beste Pflanzzeit der Herbst ist. Denn dann können diese Beerensträucher noch vor dem Winter einwurzeln und haben einen Entwicklungsvorsprung vor den im Frühjahr gepflanzten Gehölzen. Damit sie gut anwachsen, müssen sie vor dem Pflanzen eingekürzt werden.

Der Boden sollte locker und feucht sein – lesen Sie Näheres über Standortwünsche und Düngung bei den einzelnen Pflanzenbeschreibungen in diesem Buch. Ganz wichtig ist es, auf ausreichenden Abstand zu achten. Steht Beerenobst nämlich zu eng, tritt vor allem in verregneten Sommern oft Grauschimmel auf. Zu wenig Abstand ist ein Fehler, der immer wieder passiert und später kaum korrigiert werden kann.

Wer seinen Beerensträuchern etwas Gutes tun möchte, breitet nach dem Pflanzen eine Mulchdecke um sie aus. Diese kann aus angetrocknetem Rasenschnitt, kurzem Stroh oder verrottetem Stallmist bestehen. Vorteile des Mulchens: Der Unkrautwuchs wird eingedämmt, der Boden bleibt feinkrümelig und gleichmäßig feucht. Da die meisten Beerensträucher Flachwurzler sind, ist Hacken eher nachteilig, da die Wurzeln dabei beschädigt werden können.

Auslichten, besonders im unteren Bereich der Sträucher, ist sinnvoll, um Schimmelbefall vorzubeugen – die Pflanzen trocknen nach Regengüssen besser ab. Außerdem fördert dies die Entwicklung großer Beeren. Wer seine Sträucher über Jahre nicht auslichtet, hat irgendwann eine Ernte, die

nur noch aus kleinen Beeren besteht. Aber keine Eile, im ersten Jahr einfach wachsen lassen. Die Pflanze muss sich zunächst selbst entwickeln, um Beeren produzieren zu können. Seien Sie daher nicht enttäuscht, wenn die erste Ernte sehr klein ausfällt oder gar ausbleibt. Manche Arten tragen sogar generell erst im zweiten oder dritten Jahr.

❖ **Loch Ness:** reift früh, von Anfang Juli bis Ende August; starker Wuchs; halb aufrecht; stachellos; anfällig gegenüber Falschem Mehltau; Frucht sehr groß, gut haltbar, mit gutem Aroma; sehr hoher Ertrag.

❖ **Arapaho:** reift mittelfrüh, ab Ende Juli; aufrechter Wuchs; stachellos; widerstandsfähig gegen Krankheiten; frosthart; Frucht groß mit ausgezeichnetem Geschmack; sehr hoher Ertrag.

❖ **Sandbrombeere, Black Diamond, Theodor Reimers, Himalaya:** reift mittelfrüh, ab Anfang August bis Mitte September; sehr starker Wuchs mit bis zu sechs Meter langen Trieben; stark bestachelt; anfällig gegenüber Mehltau, ansonsten wenig anfällig gegenüber Krankheiten und Schädlingen; frostgefährdet, deshalb Winterschutz nötig; Frucht groß, bei Vollreife süß und hocharomatisch; guter Ertrag.

❖ **Chester Thornless:** reift spät, Ernte bis zum Frost; rankend; stachellos; Frucht groß und wohlschmeckend; mittlerer Ertrag.

Brombeeren in der Küche

Nur voll ausgereifte Brombeeren besitzen die ganze Aromafülle. Ernten Sie die Früchte deshalb am besten, wenn sie wirklich reif sind und sich fast von selbst ablösen. Genießen Sie die Beeren roh oder bereiten Sie Konfitüre, Gelee oder Brombeersaft aus ihnen. Rote, noch nicht reife Beeren enthalten sehr viel Pektin. Wenn Sie einige unreife Brombeeren beim Konfitüre- oder Geleekochen pektinarmer Früchte dazugeben, geliert die Konfitüre oder das Gelee besser.

Brombeeren für die Gesundheit

Brombeeren sind reich an Vitaminen, Mineralstoffen und gesunden gefäßschützenden sekundären Pflanzenstoffen. So enthalten sie beispielsweise viel Vitamin C und Vitamin A, die Mineralstoffe Kalium und Magnesium, das Spurenelement Kupfer und Ellagsäure (siehe Seite 16). Leicht warmer Brombeersaft hilft bei Fieber, Heiserkeit und überanstrengter Stimme. Brombeerblätter sind reich an Gerbstoffen, sie enthalten Anthocyane und Spuren von ätherischem Öl. Brombeerblättertee – vor allem aus Blättern der Triebspitzen – ist wohlschmeckend und wird in der Naturheilkunde unter anderem zur Blutreinigung eingesetzt. Auch gegen großporige, unreine Haut wird er empfohlen – und zwar äußerlich. Für eine Gesichtskompresse übergießen Sie eine Handvoll junge Brombeerblätter mit einem Viertelliter kochendem Wasser, lassen dies fünfzehn Minuten ziehen und seihen es anschließend ab. Tränken Sie ein sauberes Tuch mit dem Sud und legen Sie es auf das zuvor gereinigte Gesicht.

Mit einem Sud aus getrockneten Brombeerblättern oder jungen Trieben werden seit alters her graue und braune Farbtöne erzeugt.

Gartenerdbeeren und Walderdbeeren

Die Gartenerdbeere *(Fragaria × ananassa)* zählt zur Gattung der Erdbeeren *(Fragaria)* innerhalb der Familie der Rosengewächse *(Rosaceae)*. Sie entstand aus einer Kreuzung der kleinen dunkelroten Scharlacherdbeere und der großfrüchtigen Chileerdbeere. Scharlacherdbeere und Chileerdbeere wurden zunächst als Zierpflanzen aus Amerika in Mitteleuropa angebaut. Mittlerweile sind aus der ersten Kreuzung weltweit über tausend Kultursorten entstanden. Es gibt auch Kreuzungen zwischen Sorten der Gartenerdbeere und der hierzulande schon seit der Steinzeit heimischen Walderdbeere *(Fragaria vesca)*.

In der Antike wurde die Walderdbeere »frega« oder »fregum« von »fragare« (lateinisch: duften) genannt. Im Mittelalter kultivierte man die kleinen Walderdbeeren bereits auf großen Flächen. Auch Methoden, die Erdbeeren früher oder später heranreifen zu lassen, waren schon entwickelt. Lediglich die Größe der Frucht konnte man noch nicht beeinflussen.

Erdbeeren sind mehrjährige krautige Pflanzen mit gestauchtem Spross und Blattrosette. Ihre dunkelgrünen, bis fünfteilig gefingerten, gezähnten Blätter sind bei den meisten Sorten weich und seidig behaart. Die Blätter haben lange Stiele und wachsen grundständig aus dem Wurzelstock. Erdbeeren vermehren sich über Samen und Ausläufer. Eine Mutterpflanze kann innerhalb eines Jahres von Mai bis zum frühen Herbst bis zu dreißig Ausläufer, auch Kindel genannt, bilden. Diese Ausläufer wachsen an fadenförmigen Verbindungen aus dem Spross der Mutterpflanze, bewurzeln sich und können dann unabhängig von der Mutterpflanze existieren.

Die Verbreitung durch Samen erfolgt durch Tiere wie Mäuse, verschiedene Vögel, Käfer und Schnecken, welche die reifen Erdbeeren fressen und die Samen – die kleinen grünlichen Nüsschen auf der roten Frucht – mit ihrem Kot ausscheiden.

Die weißen, mitunter auch gelblichen Erdbeerblüten stehen zu mehreren in einer Trugdolde an der Spitze eines aufrechten Blütenschaftes. Sie öffnen sich je nach Witterung recht früh im Jahr am Ende der Kälteperiode und sind deshalb spätfrostgefährdet. Ab Ende Mai können dann je nach Sorte die ersten Erdbeeren geerntet werden. Der Erntezeitraum einmal tragender Sorten erstreckt sich über drei bis vier Wochen. Durch die geschickte Kombination früher und später einmal tragender Sorten und immer tragender Sorten mit einem längeren Blüh- und Erntezeitraum von April bis Oktober können Sie den ganzen Sommer über Erdbeeren genießen. Entfernen Sie die Blüten der immer tragenden Sorten hierbei so lange, bis die Erntezeit der einmal tragenden Sorten beginnt. Dadurch schonen Sie die Kräfte der immer tragenden Erdbeeren für die spätere Reife. Immer tragende Sorten sind kleiner als einmal tragende Sorten. Außerdem sind sie im ungünstigen Fall krankheitsanfälliger, weil die Erreger durch den langen Erntezeitraum einen guten Nährboden für ihre Entwicklung vorfinden.

Erdbeeren im Garten

Die natürlichen Verbreitungsgebiete der Erdbeeren sind Waldlichtungen mit nährstoffreichen Lehmböden der gemäßigten Klimazonen. Im Garten sollten Sie Ihren Erdbeerpflanzen einen vollsonnigen und möglichst windgeschützten Standort bieten. Ein gut durchlässiger, humusreicher, leicht saurer Boden behagt den Pflanzen am meisten. Kleinwüchsige Erdbeersorten wachsen auch auf dem sonnigen Balkon. Schlecht gedeihen Erdbeeren in nasskalter und verdichteter Erde, wodurch auch die Anfälligkeit gegenüber Grauschimmel steigt. Sehr kalte, windausgesetzte und schneearme Standorte sind ebenfalls eher ungeeignet für eine gesunde Erdbeerkultur. Pflanzen Sie Erdbeeren im Falle eines dichten Lehmbodens am besten auf einen kleinen Wall, den Sie mit reichlich Kompost anreichern und auflockern. Eine Gabe Kompost ins Pflanzloch behagt allen Erdbeerpflanzen. Die einzelnen Pflanzen sollten einen Abstand zwischen fünfunddreißig und fünfundvierzig Zentimetern haben, denn auch ein zu dichtes Beieinander fördert die Krankheitsanfälligkeit. Erdbeeren sollten beim Pflanzen so eingesetzt werden, dass das Rhizom nur sehr knapp aus der Erde schaut. Es ist frostempfindlich und vertrocknet leicht. Zu tief sollten die Pflanzen allerdings auch nicht gesetzt werden, weil dadurch die Wurzeln verfaulen kön-

nen. Pflanzen Sie Erdbeeren am besten im August oder September. Ausgezeichnet eignet sich übrigens ein Beet, auf dem zuvor Bohnen standen. Eine Schicht Mulch aus halb verrottetem Laub, Rindenstückchen oder Nadelstreu um die Pflanzen verteilt, verschafft den Erdbeeren eine angenehme Waldatmosphäre.

Zwischen den Erdbeerpflanzen können Sie vor der Ernte Strohmulch verteilen oder die Pflanzen auf einer speziellen Mulchfolie ziehen, die im Gartenfachhandel auch für den Hausgarten erhältlich ist. Stroh und Folie verhindern das Wachstum von Beikräutern, die ansonsten regelmäßig entfernt werden müssen, weil Erdbeeren recht empfindlich auf konkurrierende Pflanzen reagieren. Außerdem bleiben die Früchte auf der Stroh- oder Folienunterlage sauber und trocknen nach einem Regenguss schneller ab. Zur Gesundheitsvorsorge empfiehlt es sich außerdem, im frühen Frühjahr die braunen Blätter der Pflanzen zu entfernen, weil auf diesen gegebenenfalls Krankheitserreger oder Pilzsporen überwintert haben. Wenn Sie Ihre Erdbeeren bei heißem Wetter gießen müssen, tun Sie das am besten morgens, damit die Pflanzen danach möglichst rasch wieder abtrocknen. Feuchtigkeit fördert Schimmel.

Legen Sie alle drei Jahre ein neues Erdbeerbeet an, weil Erdbeeren maximal drei Jahre lang Früchte tragen, und halten Sie eine Pause von vier Jahren ein, bis Sie auf derselben Gartenfläche wieder Erdbeeren pflanzen, weil Erdbeeren selbstunverträglich sind.

Bei feuchtwarmem Wetter zwischen Blüte und Ernte und zu dichtem Bestand kann die Grauschimmelfäule *(Botrytis cinerea)* Erdbeerpflanzen Probleme machen. Die Pilzsporen überwintern auf abgestorbenen Pflanzenteilen. Der Pilz siedelt zunächst unsichtbar in der befallenen Frucht. Sobald sich deren Stärke in Zucker verwandelt, wächst der Pilz weiter, die Frucht bekommt braune Flecke und einen grauen Schimmelpelz. Entfernen Sie befallene Pflanzenteile, damit es nicht zu einer Infektion der Nachbarpflanzen kommt, und achten Sie auf bereits beschriebene vorbeugende Maßnahmen.

Auch Wurzelkrankheiten wie die Rote Wurzelfäule *(Phytophthora fragariae)* und die Rhizomfäule *(Phytophthora cactorum)* können Erdbeeren zu schaffen machen. Befallene Pflanzen bleiben kümmerlich oder gehen plötzlich ein, indem die Blätter verwelken. Die Sporen dieser Pilze überdauern im Erdreich und halten sich besonders in nasskalten, verdichteten Böden und dichten Pflanzenbeständen. Vorbeugende Maßnahmen wie ein möglichst günstiger Standort, gesunde Jungpflanzen oder eine optimale Pflanztiefe gelten als bester Schutz. Es gibt auch resistente Sorten. Schachtelhalmtee und Brennnesselbrühe halten auch Erdbeeren gesund (siehe Seite 26).

Einige Säugetierarten, Weichfresser unter den Vögeln, Wirbellose wie Schnecken und einige Käfer nutzen die Erdbeere gern als Nahrungsquelle. Diese tierische Konkurrenz kann zum Ärgernis werden, da sie beträchtliche Mengen der Ernte wegfrisst. Netze, Einsammeln von Schnecken und Förderung von

Insektenfressern wie Meisen im Garten sind hier geeignete biologische Maßnahmen, um den größten Teil der Ernte zu sichern.

Einmal tragende Gartenerdbeersorten für den Garten – eine Auswahl:

❖ **Honeoye:** reift früh mit später Blüte, deshalb für spätfrostgefährdete Lagen; robust; anfällig gegenüber Wurzelfäule; Frucht dunkelrot glänzend, guter, etwas säuerlicher Geschmack erst bei Vollreife, bei schwülheißer Witterung, starkem Behang und viel Blattmasse auch bittere Früchte; hoher Ertrag.

❖ **Elvira:** reift früh; anfällig gegenüber Mehltau; Frucht groß, druckempfindlich, sehr gut schmeckend; hoher Ertrag.

❖ **Lambada:** reift früh bis mittelfrüh; kann dicht gepflanzt werden; sehr anfällig gegenüber Mehltau; Frucht hellrot und mittelgroß, der Geschmack dieser Sorte wird sehr gelobt; mittlerer Ertrag.

❖ **Senga Sengana:** reift mittelfrüh; anfällig gegenüber Grauschimmel bei Überdüngung; Frucht dunkelrot durchgefärbt und klein bis mittelgroß, sehr guter Geschmack; eignet sich bestens zum Einkochen und Tiefgefrieren; hoher Ertrag.

❖ **Polka:** reift mittelfrüh; robust; Frucht dunkelrot durchgefärbt, wenig haltbar, ausgezeichnetes Walderdbeeraroma; eignet sich gut für Marmelade und zum Tiefgefrieren; hoher Ertrag.

❖ **Korona:** reift mittelfrüh; bei ungünstiger Witterung anfällig gegenüber Fruchtfäule; anfällig gegenüber Blattkrankheiten; Frucht rot bis dunkelrot, anfangs groß, im Ernteverlauf klein werdend, sehr weich, sehr guter Geschmack; hoher Ertrag.

❖ **Malling Pegasus:** reift mittelspät; kräftiger Wuchs; sehr robust gegenüber Blatt- und Wurzelkrankheiten; Frucht groß, mäßig fest mit gutem bis sehr gutem Geschmack.

❖ **Symphony:** reift spät; sehr robust und kräftig, auch für schwere Böden; wenig anfällig gegenüber Blatt- und Wurzelkrankheiten; Frucht mittelrot mit grüner Spitze, gutes Aroma mit angenehmer Säure; hoher Ertrag.

❖ **Mieze Schindler:** reift spät, ab Ende Juni; nicht selbstbefruchtend, deshalb zweite Sorte zur Befruchtung nötig; etwas anfällig gegenüber Grauschimmel; frosthart; Frucht dunkelrot und klein, hocharomatisch mit süßem Walderdbeeraroma, wenig lagerfähig; mittlerer Ertrag.

❖ **Tenira:** reift spät ab Anfang Juli; robust; kaum anfällig gegenüber Mehltau, Wurzelkrankheiten und Grauschimmel; Frucht intensiv rot und groß, sehr guter Geschmack; gut haltbar und gut geeignet zum Tiefgefrieren; mittlerer Ertrag.

Immer tragende Gartenerdbeersorten für den Garten – eine Auswahl:

❖ **Mara des Bois:** Frucht mittelrot, eher klein und weich, ausgeprägtes Walderdbeeraroma, wenig haltbar.

❖ **Ostara:** etwas anfällig gegenüber Grauschimmel; Frucht mittelgroß, sehr guter Geschmack; hoher Ertrag.

Neben Erdbeersorten mit der typischen Wuchsform gibt es auch bodendeckende oder hängende Sorten und solche, die »kletternd« an Zäunen gezogen werden können. Vielfach handelt es sich bei diesen Sorten um Kreuzungen zwischen Walderdbeere und Gartenerdbeere, Beispiele sind die Sorten 'Florika' und 'Spadeka'.

Daneben sind auch Monatserdbeeren wie 'Rügen', eine größere ausläuferfreie Verwandte unserer heimischen Walderdbeere aus südlichen Gefilden, oder 'Sweetheart', eine stärker wüchsige, ausläufertreibende Monatserdbeere mit großen Früchten, die sich auch für Balkonkästen und Schalen eignet, erhältlich. Monatserdbeeren sind Zuchtformen der Walderdbeere und dieser auch im Aroma sehr ähnlich, nur etwas größer. Sie reifen von Juni bis September und sind etwas anfällig gegenüber Frost und Wurzelfäule.

Walderdbeeren sind im Garten hervorragende Bodendecker, beispielsweise zwischen Himbeer-, Brombeer-, Johannisbeer- oder Stachelbeersträuchern. Sie verdrängen Beikräuter und halten den Boden bei heißer Witterung angenehm feucht.

Erdbeeren in der Küche

Ihr volles Aroma haben Erdbeeren, wenn sie ganz ausgereift sind. Die Früchte reifen nach der Ernte nicht nach, sodass nicht ausgereifte Früchte weniger aromatisch schmecken. Das ist meist bei weit gereisten Erdbeeren der Fall, weil diese aufgrund der Anfälligkeit der reifen Früchte gegenüber Druck und Grauschimmel und der Erfordernisse des weiten Transportes unreif gepflückt werden. Es lohnt sich, Erdbeeren im eigenen Garten zu haben oder die Früchte während der heimischen Saison regional zu kaufen.

Pflücken Sie Erdbeeren stets mit Stiel und Kelchblättern, und entfernen Sie diese erst nach dem Waschen, um Aromaverluste zu vermeiden. Verzehren Sie frische Erdbeeren am besten gleich nach der Ernte. Im Kühlschrank halten sie sich zwei bis drei Tage. Wenn Sie klein geschnittene Erdbeeren zuckern möchten, sollten Sie das erst kurz vor dem Verzehr tun, weil der Zucker reichlich Saft aus den Früchten zieht.

Gartenerdbeeren sind das klassische Marmeladenobst. Zu den beliebten Kombinationen gehören Süßspeisen, in denen sich Rhabarber und Erdbeeren ergänzen.

Am besten schmecken Erdbeeren aber einfach roh – mit Milch, Quark oder Sahne kombiniert – und haben dann auch ihren höchsten Gesundheitswert. Genießen Sie auch Walderdbeeren am besten frisch, weil die Früchte beim Kochen leicht bitter werden und ihr hocharomatischer Geschmack dabei leidet. Behandeln Sie die kleinen Früchte außerdem sehr vorsichtig, weil sie äußerst druckempfindlich sind.

Erdbeeren für die Gesundheit

Erdbeeren enthalten mehr Vitamin C als Orangen und Zitronen. Darüber hinaus sind sie reich an Ellagsäure (siehe Seite 16), B-Vitaminen und Folsäure, Calcium, Magnesium und Kalium. Außerdem sind sie gute Quellen für die Spurenelemente Eisen, Zink und Mangan. Erdbeeren werden in der Naturheilkunde zur Blutbildung, bei Herzbeschwerden und Leber- und Gallenleiden eingesetzt. Letzteres ist mittlerweile auch wissenschaftlich untermauert. Die Polyphenole der Erdbeere – insbesondere die Ellagsäure – wirken entzündungshemmend und schützen vor Arteriosklerose, Infarkt und anderen degenerativen Erkrankungen wie Krebs. Die Blätter der Walderdbeere helfen in Form von Erdbeerblättertee bei Leber- und Gallenleiden und gegurgelt bei Entzündungen im Mundraum. Die Blätter der Kulturformen sind hierfür nicht geeignet.

Waldheidelbeeren und Kulturheidelbeeren

Die Waldheidelbeere *(Vaccinium myrtillus)*, auch Blaubeere, Schwarzbeere, Wildbeere, Waldbeere, Bickbeere oder Heubeere genannt, ist eine Art aus der Gattung der Heidelbeeren *(Vaccinium)* in der Familie der Heidekrautgewächse *(Ericaceae)*.

Waldheidelbeersträucher werden zehn bis fünfzig Zentimeter hoch und wachsen stark verzweigt. Sie können recht alt werden. An den grasgrünen, unbehaarten, kantigen Zweigen sitzen grüne, eiförmig bis elliptisch geformte, fein gezähnte Blättchen, die sich im Spätsommer rot färben, bevor sie abfallen. Anhand des fehlenden Laubes lässt sich der Heidelbeerstrauch während des Winterhalbjahres leicht vom Preiselbeerstrauch unterscheiden, der seine Blätter auch im Winter behält (siehe auch Seite 60). Je nach Witterung öffnen sich von April bis Mai die weißlichen bis grünlich rötlichen Blütenköpfchen. Sie wach-

sen einzeln aus den Blattachseln und erinnern ein wenig an kleine runde Lampions. Von Juli bis Ende September reifen die blauschwarz durchgefärbten, bei Reife blaugrau bereiften Beeren heran. Die Beeren haben Durchmesser bis maximal einen Zentimeter. Heidelbeeren vermehren sich über Samen, die durch den Kot Heidelbeeren fressender Tiere verbreitet werden, und über Ausläuferwurzeln.

Die natürlichen Lebensräume der Waldheidelbeere sind bodensaure, halbschattige Standorte, überwiegend in Nadelwäldern – insbesondere in lichten Kiefernwäldern –, Moorgebieten und Heidelandschaften, wo sie im geselligen Beieinander große Flächen bedecken können. In den Alpen wachsen sie in Lagen bis über zweitausend Meter Höhe. Schneearme und sehr kalte Winter und Spätfröste behagen der Pflanze nicht. Sie kann erfrieren, wobei der Wurzelstock allerdings meist nicht betroffen ist und im Frühjahr wieder austreibt. Heidelbeeren schätzen einen frischen, gut durchlüfteten, humosen und sauren Boden mit einem pH-Wert zwischen 4 und 5. Die Sträucher entwickeln ein sehr feines, dichtes und flaches Wurzelgeflecht. Mykorrhizapilze, mit denen die Heidelbeeren wie alle Heidekrautgewäsche symbiotisch leben, erleichtern die Nährstoffaufnahme der Wurzeln.

Kulturheidelbeeren sind im Unterschied zu Waldheidelbeeren doppelt bis mehrfach so groß, haben ein helles Fruchtfleisch und schmecken weniger aromatisch. Die Sträucher können bis zwei Meter hoch werden. Kulturheidelbeeren wurden aus der Amerikanischen Heidelbeere *(Vaccinium corymbosum)* gezüchtet. Deren natürliche Lebensräume – lichte Wälder und Moore – und Standortansprüche ähneln denen der Waldheidelbeere.

Heidelbeeren im Garten

In den Wäldern findet man immer weniger wild wachsende Heidelbeeren. Leider gibt es von der Waldheidelbeere bisher auch keine Kulturvariante. Für den Anbau stehen nur Kulturpflanzen zur Verfügung, die aus der Amerikanischen Heidelbeere gezüchtet wurden. Heidelbeeren haben völlig andere Ansprüche an den Boden als anderes Beerenobst: Benötigt wird ein leicht sandiger, humoser, feuchter und durchlässiger Boden ohne Staunässe und starke Trockenheit. Natürlicherweise kommen diese Bedingungen in der Nähe von Kiefernwäldern vor. Wer in einer entsprechenden Gegend wohnt, wird mit dem Anbau der Kulturheidelbeere Erfolg haben. Wenn Sie den Pflanzen solch einen Standort dagegen natürlicherweise nicht bieten können, müssen Sie einige Mühe aufwenden, um den Boden vor der Pflanzung entsprechend vorzubereiten. Anderenfalls können Sie sich nur über eine kleine Ernte freuen.

Die besten Pflanzzeiten für Heidelbeeren sind die Zeit von Anfang August bis November und das Frühjahr. Wenn Sie also einen Gartenboden haben, der sich eigentlich nicht für den Anbau von Heidelbeeren eignet, graben Sie an einem sonnigen – viel Sonne begünstigt den Geschmack der Beeren – bis halbschattigen, windgeschützten Standort pro Pflanze ein etwa dreißig Zentimeter tiefes und etwa achtzig Zentimeter breites Loch. Dieses füllen Sie mit humoser Erde, am besten Walderde, gemischt mit reichlich Rinde, Rindenmulch oder Nadelkompost, um Bedingungen wie in einem Heidewald zu schaffen. Sie können das Pflanzloch außerdem vor dem Befüllen mit einer Gartenfolie auslegen oder eine Schicht Steinchen oder Kies einfüllen. Die Erdmischung sollte stets feucht – aber nicht nass – und möglichst kalkfrei gehalten werden. In regenarmen Perioden müssen Sie die Heidelbeeren gießen.

Sie können die einzelnen Pflanzen in Grüppchen oder in Reihen einsetzen. Die Pflanztiefe beträgt etwa dreißig Zenti-

meter. Zwischen den einzelnen Pflanzen ist ein Abstand von ein bis eineinhalb Metern sinnvoll. Frühe und späte Sorten können in unmittelbarer Nachbarschaft gedeihen und ermöglichen eine Ernte über mehrere Wochen. Wenn Sie zwei oder mehr Sorten gesellig zueinander pflanzen, erhöhen Sie außerdem die Fruchtbarkeit der Pflanzen. Eine Mulchschicht aus Rindenmulch, halb verrottetem Laub oder Nadelkompost um die Pflanzen hat mehrere Vorteile: Sie verhindert das Wachstum von Beikräutern, vermindert den Wasserverlust, schützt vor Hitze und Kälte und liefert den Sträuchern Nährstoffe.

Heidelbeersträucher wachsen langsam, sodass Sie die Sträucher in den ersten Jahren nach der Pflanzung nicht zurückschneiden müssen. Schneiden Sie im Winter lediglich die Triebspitzen, die einmal getragen haben, und falls nötig ältere, trockene Triebe heraus. Die Pflanzen treiben aus den Wurzelstöcken jährlich Jungtriebe, an denen sich im folgenden Jahr Blüten und Beeren entwickeln. Heidelbeeren sind äußerst robust und kaum anfällig gegenüber Krankheiten. Meist ist es der ungünstige Standort, der ihnen zu schaffen macht.

Kulturheidelbeersorten für den Garten – eine Auswahl:

❖ **Duke:** reift früh, ab Anfang Juli bis Anfang August; dichter Wuchs; sehr frosthart; Frucht hellblau, sehr groß, fest, mit gutem Aroma, gut haltbar; hoher Ertrag.

❖ **Spartan:** reift früh, ab Anfang Juli bis Anfang August; etwas anfällig gegenüber Fruchtfäule; Frucht sehr groß mit ausgezeichnetem Geschmack; mittlerer Ertrag.

❖ **Bluecrop:** reift mittelfrüh, ab Mitte Juli bis Mitte August; starkes Jungtriebwachstum; breiter Wuchs; schöne Laubfärbung; Frucht sehr groß mit gutem Geschmack; sehr gut haltbar; hoher Ertrag.

❖ **Brigitta Blue:** reift spät, ab Mitte August bis Mitte September; etwas frostanfällig; Frucht mittelgroß und aromatisch; eher geringer Ertrag.

❖ **Darrow:** reift spät, ab Mitte August bis Mitte September; Frucht sehr groß, fest, sehr gut schmeckend; mittlerer Ertrag.

Heidelbeeren in der Küche

Heidelbeeren sind reif, wenn sie bis zu den Stielansätzen blau gefärbt sind. Die reifen Beeren lösen sich leicht von den Ansätzen. Früher verwendete man zur Ernte wild wachsender Waldheidelbeeren manchmal einen sogenannten Heidelbeerkamm. Dieses Pflückwerkzeug besteht aus einem Kasten mit aufgesetztem Kamm. Mit diesem kämmte man die Sträucher, wobei die reifen Beeren in den Kasten fielen. Die Ernte mit dem Heidelbeerkamm ist heute verboten, weil die Pflanzen dabei stark verletzt werden.

Heidelbeeren schmecken am besten frisch verzehrt, im Kühlschrank halten sie sich etwa zwei Tage. Beliebte Spezialitäten mit Heidelbeeren sind zum Beispiel Heidelbeerkompott, Heidelbeermarmelade, Heidelbeereis, Heidelbeerkuchen oder Hefeklöße und Pfannkuchen mit Heidelbeeren. Kulturheidelbeeren haben eine größere Gelierkraft als Waldheidelbeeren und sie

enthalten mehr Zucker. Sie halten sich im Gegensatz zu den empfindlichen, weicheren Waldheidelbeeren einige Tage im Kühlschrank.

Heidelbeeren für die Gesundheit

Frische Heidelbeeren sind reich an Vitamin C, B-Vitaminen, Betacarotin und Mineralstoffen, insbesondere Magnesium. Die in ihnen reichlich enthaltenen Anthocyane, die blauen Farbsubstanzen in den Beeren, färben beim Verzehr Zunge und Zähne blau. Diese Substanzen wirken antioxidativ und entzündungshemmend, sie schützen vor Erkrankungen des Herz-Kreislauf-Systems, helfen bei Entzündungen von Haut und Schleimhaut, verbessern das Nacht- und Dämmerungssehen und beugen der Tumorentwicklung vor. Heidelbeeren zählen nach derzeitigem Wissen zu den antioxidativ wirksamsten Obst- und Gemüsearten überhaupt, wobei Waldheidelbeeren mehr Vitamine, Mineralstoffe und sehr viel mehr Anthocyane enthalten als Kulturheidelbeeren. Heidelbeersaft wird bei Entzündungen des Mund- und Rachenbereichs empfohlen und auch äußerlich bei Wunden angewendet. Getrocknete Heidelbeeren wirken aufgrund ihres Gerbstoffgehaltes heilend bei Durchfällen. Im frischen Zustand können Heidelbeeren abführend wirken, also nicht verwechseln.

Auch die Heidelbeerblätter werden in der Naturheilkunde bei Durchfällen, Blasenschwäche, Magenbeschwerden und Husten genutzt.

Preiselbeeren

Die Preiselbeere *(Vaccinium vitis-idaea)*, die auch Kronsbeere genannt wird, ist wie die Heidelbeere eine Art aus der Gattung der Heidelbeeren *(Vaccinium)* in der Familie der Heidekrautgewächse *(Ericaceae)*. Die sogenannte »Kulturpreiselbeere« hingegen ist keine Preiselbeere, sondern bezeichnet die Großfrüchtige Moosbeere *(Vaccinium macrocarpon)*, englisch Cranberry (siehe Seite 64).

Der Preiselbeerstrauch ist ein kompakter, verzweigter Zwergstrauch, der zwischen zehn und dreißig Zentimeter hoch wird. Seine Zweige sind dicht mit ovalen, ledrigen Blättchen besetzt, die oberseits dunkelgrün sind und auf den Unterseiten dunkle Drüsenpünktchen aufweisen. Der Strauch behält sein grünes Laub auch im Winter. Bis Mai öffnen sich an den Triebspitzen die attraktiven weißen, teilweise rötlich überhauchten Blütenglöckchen. Sie stehen in Trauben mit bis zu zwanzig Einzelblüten zusammen. An warmen Standorten gibt es gelegentlich eine zweite Blüte Anfang Juli. Die heranreifenden Beeren sind zunächst grün, dann weiß und zum Zeitpunkt der Reife im August und im Fall einer zweiten Blüte Ende September leuchtend rot. Sie haben Durchmesser zwischen einem halben und einem Zentimeter. Ihre knackige Haut verbirgt ein etwas mehliges Fruchtfleisch. Preiselbeeren vermehren sich über Samen und über kordelartige Wurzelausläufer im Boden, aus denen sich neue Triebe entwickeln, die an die Oberfläche wachsen und auf diese Art große zusammenhängende Flächen bedecken. Wie die Heidelbeere lebt auch die Preiselbeere in Symbiose mit im Boden vorkommenden Mykorrhizapilzen, welche die Nährstoffaufnahme in die Wurzeln erleichtern.

Preiselbeeren überstehen unter einer Schneedecke unbeschadet frostigste Temperaturen bis unter zwanzig Grad minus. In schneearmen kalten Wintern können die Zweige und Blätter jedoch erfrieren.

Die natürlichen Lebensräume der Pflanzen sind bodensaure und humusreiche lichte Nadel- und Eichenwälder, Zwergstrauchheiden und Moore der nördlich gemäßigten bis zirkumpolaren Breiten. Sie gedeihen in Gebirgslagen bis dreitausend Meter Höhe und bevorzugen sonnige und trockene Standorte. Auch nährstoffarme leichte Sandböden verträgt der Strauch. Äußerst empfindlich reagieren die Pflanzen auf Staunässe, wodurch sie innerhalb weniger Stunden absterben können.

Preiselbeeren im Garten

Wenn Sie den Preiselbeeren in Ihrem Garten keinen passenden Standort bieten können, sollten Sie den Boden entsprechend vorbereiten. Sie können die Pflanzen auch in einem ausreichend großen Pflanzgefäß ziehen. Wählen Sie einen sonnigen oder leicht schattigen Standort aus und heben Sie die Erde fünfzehn bis zwanzig Zentimeter tief aus. Mischen

Sie die ausgehobene Gartenerde mit reichlich Rindenmulch oder Nadelkompost und füllen Sie dieses Pflanzmaterial wieder in die Grube. Mit Rindenhumus und gewaschenem Sand können Sie schwere Lehm- oder Tonböden für die Kultur geeigneter machen. Die Pflanzen gedeihen am besten in einem nicht zu nährstoffreichen, bodensauren Milieu bei einem pH-Wert zwischen 4 und 5. Halten Sie die Erde also möglichst kalkfrei.

Pflanzen Sie die Sträucher mit Abstand von fünfundzwanzig bis vierzig Zentimetern in Reihen oder Grüppchen und kombinieren Sie am besten zwei oder mehr Sorten miteinander, weil dies den Fruchtansatz fördert. Bis die Preiselbeeren nach einigen Jahren die Pflanzfläche dicht an dicht bedecken, schätzen sie eine Mulchschicht, am besten Nadelstreu, zu ihren Füßen. Mulchen bietet mehrere Vorteile: weniger Unkraut, weniger Wasserverlust, gleichmäßigere Bodentemperatur und Nährstoffe für die Pflanzen. Die erste Ernte erfolgt meist erst drei Jahre nach dem Anlegen der Kultur.

Bei guten Standortbedingungen sind die Pflanzen pflegeleicht und kaum anfällig für Krankheiten. Schneiden Sie nach der Ernte gegebenenfalls alte und vertrocknete Zweige ab, größere Schnittmaßnahmen sind nicht notwendig und werden überdies auch weniger gut vertragen. Bei Trockenheit sollten Sie die Pflanzen gießen. Vermeiden Sie dabei aber in jedem Fall Staunässe!

Preiselbeersorten für die Kultur stammen aus Wildauslese. Die Reifezeiten sind abhängig vom Klima und vom Standort.

Preiselbeersorten für den Garten – eine Auswahl:
- ❖ **Koralle:** stark verzweigter Wuchs; Fruchttrauben mit jeweils bis zu zwölf runden, hell- bis dunkelroten Beeren.
- ❖ **Red Pearl:** buschige Wuchsform; Fruchttrauben mit jeweils bis zu zwölf sehr großen Beeren.

Preiselbeeren in der Küche

Pflücken Sie Preiselbeeren erst einige Zeit nach dem Rotwerden. Die rohen Früchte schmecken fruchtig, säuerlich und leicht herb. Vor allem in Verbindung mit Zucker entfaltet sich die ganze Fülle ihres Aromas. Deshalb werden die Beeren nur selten roh gegessen, sondern vor allem als Kompott. Ausgezeichnet passt Preiselbeerkompott zu gebackenem Camembert, anderen warmen Käsegerichten und Gebackenem. Aus Preiselbeeren lassen sich überdies Konfitüren, Mus, Saft und Sirup bereiten. Das Beerenmus geliert aufgrund des hohen Pektingehaltes der Früchte auch ohne Zucker.

Preiselbeeren enthalten von Natur aus reichlich konservierende Benzoesäure und Salicylsäure, welche die Spezialitäten aus Preiselbeeren gut haltbar machen.

Preiselbeeren für die Gesundheit

Die Früchte enthalten neben Vitamin C auch B-Vitamine, Vitamin E und Betacarotin, die Mineralstoffe Kalium, Calcium und Magnesium sowie Eisen, Zink, Kupfer und Mangan.

Darüber hinaus sind Preiselbeeren reich an Anthocyanen. Die Beeren und Erzeugnisse wie Saft wirken blutreinigend und desinfizierend. Bekannt ist insbesondere ihre vorbeugende und heilende Wirkung bei Nieren- und Harnwegsentzündungen. Nach derzeitigem Wissen ist vor allem die in den Beeren enthaltene Substanz Arbutin hierfür verantwortlich. Sie verhindert, dass sich Bakterien in den Harnwegen festsetzen, und fördert die Ausspülung der problematischen Bakterien von der Blase in den Harn. Auch an den Schleimhäuten im Mund wirken die Beeren entzündungshemmend.

Vor allem Frauen nach der Pubertät sind häufig von Entzündungen der Harnwege betroffen, weil die Harnröhre bei Frauen kürzer ist als bei Männern. Vermehrt tritt diese Erkrankung in den Sommermonaten, während einer Schwangerschaft oder bei verminderter Abwehrkraft auf. Meistens werden vom Arzt Antibiotika verschrieben. Diese schützen jedoch nicht vor einem Wiederkehren der Infektion und stören überdies die empfindliche Darmflora. Dies ist bei wiederkehrenden Harnwegsinfektionen und wiederholter Antibiotikatherapie sehr bedenklich. Es ist deshalb verständlich, dass vor allem Personen mit chronischen Harnwegsinfektionen nach natürlichen Alternativen suchen, um der Erkrankung vorzubeugen. Das regelmäßige Trinken von Preiselbeersaft hat sich hier vielfach bewährt. Der Saft eignet sich zudem als Mittel gegen Bakterien, die gegen herkömmliche Antibiotika resistent sind. Die vorbeugende und heilende Wirkung ist mittlerweile auch wissenschaftlich untermauert.

In der Naturheilkunde wird Preiselbeerblättertee zur Fiebersenkung und aufgrund seiner harntreibenden Wirkung bei Rheuma und Gicht verordnet.

Cranberrys

Cranberry ist die englische Bezeichnung der Großfrüchtigen Moosbeere *(Vaccinium macrocarpon)*. Die Großfrüchtige Moosbeere ist wie die Preiselbeere und die Heidelbeere eine Art aus der Gattung der Heidelbeeren *(Vaccinium)* in der Familie der Heidekrautgewächse *(Ericaceae)*. »Cranberry« lässt sich mit »Kranichbeere« oder »Kranbeere« übersetzen. Der Name geht auf die attraktive weiße, rosa überhauchte Blüte der Cranberry zurück: Mit ihren langen Staubfäden und den zurückgeschlagenen Blütenblättern erinnert sie, an einem aufrechten Blütenstiel sitzend, an den Kopf eines Kranichs. Ihre hierzulande heimische Entsprechung ist die Gewöhnliche Moosbeere *(Vaccinium oxycoccus)*. Diese wächst bevorzugt auf Moorböden, ihre gelbroten bis roten Früchte sind kleiner als die der Großfrüchtigen Moosbeere und schmecken säuerlich und leicht bitter ähnlich wie Preiselbeeren.

Cranberrypflanzen werden maximal fünfundzwanzig Zentimeter hoch und bedecken den Boden mit einem dichten Geflecht aus meterlangen Ranken. Ähnlich wie die Preiselbeere bildet die Cranberry flach unter der Erdoberfläche ein kordelartiges Wurzelgeflecht, das die Pflanze durch Symbiose mit im Boden lebenden Mykorrhizapilzen mit Nährstoffen versorgt. Wie die Preiselbeere ist die Cranberry eine immergrüne Pflanze. Ihre ovalen, ledrigen Blättchen sitzen dicht nebeneinander an den Ranken und halten sich dort mehrere Jahre, bevor sie abfallen. Neue Blätter und Blütenstände wachsen aus den Blattachseln der Ranken. Die hübschen »Kranichblüten« sitzen einzeln oder bis zu fünft an den Spitzen der Blütenstiele und öffnen sich im Juni.

Bis Ende Oktober – bei manchen Sorten bereits Anfang September – reifen die Beeren heran. Reife Cranberrys leuchten unterschiedlich rot bis dunkelrot, sind eiförmig oval in der Form

und haben Durchmesser zwischen einem und zwei Zentime-tern. Im Inneren der Beeren befinden sich Luftkammern, wel-che die Beeren im Wasser an der Oberfläche halten. Dies nutzt man beim kommerziellen Anbau für die Ernte, indem man die Felder flutet und die reifen Beeren maschinell von den Ranken »strudelt«. Die Beeren schwimmen dann auf der Wasserober-fläche und können abgefischt werden.

Cranberrys vermehren sich über Samen und über Ausläufer, indem sich an den bodenbedeckenden Ranken Wurzeln bil-den. Die Pflanzen überstehen unter einer Schneedecke kältes-te Winter, werden aber durch frostige Temperaturen ohne schüt-zenden Schnee in Mitleidenschaft gezogen.

Die natürlichen Lebensräume der Cranberry sind Moore und sandige Küstenböden im Nordosten Nordamerikas. Inzwischen wird sie vereinzelt auch an geeigneten Standorten in Mittel- und Nordeuropa angebaut. Sie schätzt sonnige bis minimal schattige Standorte mit humosen, gut durchlässigen und sau-ren Böden. Der pH-Wert des Bodens sollte optimalerweise zwi-schen 4 und 5 liegen. Die Pflanzen schätzen feuchte Erde, gegenüber stauender Nässe reagieren sie jedoch sehr empfind-lich.

Cranberrys im Garten

Wenn Sie Cranberrys einen entsprechenden Standort in Ihrem Garten bieten, werden die pflegeleichten Gewächse die Pflanzfläche schon bald mit einem dichten Tep-pich bedecken, der Sie alljährlich mit attraktiven Blüten und gesunden Beeren erfreut.

Um den Cranberrys einen eher ungeeigneten Gartenboden schmackhaft zu machen, sollten Sie diesen ähnlich wie für die Kultur von Preiselbeeren vorbereiten (siehe Seite 61). Achten Sie darauf, dass der Boden möglichst nährstoffarm und auf kei-nen Fall frisch gedüngt ist, denn in solch einem Fall entwickeln Cranberrys vor allem Blätter und kaum Blüten, sodass die Ernte eher mager ausfällt. Mulchen Sie die Pflanzfläche mit halb verrottetem Laubkompost, Rindenmulch oder Nadelstreu, gemischt mit etwas Sand, bevor Sie die Cranberrys pflanzen. Solch eine gelegentlich zwischen den Pflanzen verteilte Mulchmischung schätzen die fleißigen Bodenranker auch in den kommenden Jahren. Setzen Sie etwa acht Pflanzen pro Quadratmeter im Abstand von etwa dreißig Zentimetern. Auch in Balkonkästen und Pflanzkübeln gedeihen Cranberrys gut. Wählen Sie Gefäße mit gutem Abfluss und achten Sie beim Gießen darauf, dass sich keine stauende Nässe in den Töpfen bildet.

Die Pflanzen benötigen in der Regel keine Schnittmaßnahmen und sind kaum anfällig gegenüber Schädlingen und Krankheiten. In heißen, trockenen Sommern sollten Sie ausreichend gießen und die Pflanzen in schneearmen, frostigen Wintern mit Reisig oder einem Vlies bedecken. Cranberrys blühen meist erst ab dem dritten Jahr und tragen folglich auch erst ab dann Früchte.

Beachten Sie, dass Cranberrypflanzen häufig unter der falschen Bezeichnung »Kulturpreiselbeere« im Handel angeboten werden.

Cranberrysorten für den Garten – eine Auswahl:

❖ **Early Black:** reift früh, ab Anfang September; anspruchslos; Frucht dunkelrot und mittelgroß; mittlerer Ertrag.
❖ **Searles:** reift mittelfrüh, ab Ende September; Frucht mittelgroß und leuchtend dunkelrot, reich an Vitamin C, weniger gut haltbar; hoher Ertrag.
❖ **Howes:** reift spät, ab Mitte Oktober; Frucht oval und eher klein, sehr pektinreich, deshalb gut geeignet für Konfitüren und Gelee.
❖ **Pilgrim:** reift sehr spät, ab Ende Oktober; Frucht hell bereift und sehr groß, gut haltbar; hoher Ertrag.

Cranberrys in der Küche

Pflücken Sie Cranberrys wie Preiselbeeren erst einige Zeit nach dem Rotwerden. Die Beeren halten sich lange an den Ranken, erfrieren jedoch bei frostigen Temperaturen. Nicht gepflückte Beeren bieten Vögeln und anderen Tieren im Winter Futter.

Rohe Cranberrys schmecken ähnlich wie Preiselbeeren fruchtig, säuerlich und leicht herb. Wie diese werden sie deshalb nur selten roh, sondern vor allem als gesüßtes Kompott, das ausgezeichnet zu Gebratenem und Gebackenem, aber auch zu süßen Quark- oder Eierspeisen passt, oder in Form der leicht kandierten, getrockneten Beeren, die sich wie Rosinen in Kuchen, Brötchen, Müsli oder süßen Getreidegerichten verwenden lassen, genossen. Aus Cranberrys lassen sich überdies Konfitüren, Mus, Saft und Sirup bereiten.

Cranberrys enthalten von Natur aus konservierende Benzoesäure, weshalb die rohen Beeren, aber auch Kompott, Konfitüren, Saft und getrocknete Beeren lange und gut haltbar sind. Die Gefahr, dass die Beeren beim Trocknen in der eigenen Küche schimmeln, ist deshalb im Gegensatz zu anderen Beeren wie Erdbeeren oder Himbeeren äußerst gering. Gerade bei größeren Erntemengen lohnt sich der Versuch.

In frischer und getrockneter Form sind die Beeren in der nordamerikanischen Küche äußerst beliebt – an Erntedank, Thanksgiving, sind sie unverzichtbare Tradition –, und auch hierzulande finden sie immer mehr Freunde. Die Beeren der Gewöhnlichen Moosbeere, der eurasischen Verwandten der Cranberry, lassen sich übrigens wie diese verwenden und sind traditioneller Bestandteil der nordischen Küchen. Hierzulande sind die meisten Moore geschützt und das Pflücken der wild wachsenden Moosbeeren deshalb nicht erlaubt.

Alljährlich feiern die Nordamerikaner am letzten Donnerstag im November Thanksgiving, Erntedank und Auftakt zur Weihnachtszeit. Traditionell stehen zur Feier des Tages Ge-

richte aus Zutaten nordamerikanischen Ursprungs wie Truthahn – serviert mit Cranberrysauce – auf dem Tisch. Der Überlieferung nach geht diese Tradition auf die Pilgerväter, Aussiedler aus England, zurück. Sie landeten 1620 an der Ostküste Nordamerikas und lernten als eine der ersten Siedler von den Einheimischen, sich von endemischen Pflanzen und Tieren zu ernähren. Zum Dank sollen die Neuankömmlinge die Einheimischen eingeladen haben, gemeinsam das Erntedankfest zu feiern – mit Truthahn und Cranberrys.

Cranberrys für die Gesundheit

Da sich Cranberrys lange halten und gute Quellen für Vitamin C sind, waren sie früher sehr wichtig zur Vorbeugung der Vitamin-C-Mangelkrankheit Skorbut im Winter und während langer Schiffsreisen. Wie Preiselbeeren wirken die Beeren entzündungshemmend und antioxidativ. Für die antioxidative Wirkung sind vor allem die Polyphenole in den Beeren verantwortlich. Sie machen zellschädigende freie Radikale unschädlich und schützen auf diese Art vor degenerativen Erkrankungen wie Arteriosklerose und vorschneller Zellalterung. Frische Cranberrys, Cranberrysaft oder die getrockneten Beeren sind deshalb eine gesunde Bereicherung des Speisezettels. Bekannt und wissenschaftlich belegt ist ihre heilende und vorbeugende Wirkung bei Harnwegs- und Nierenentzündungen. Wie Preiselbeeren und Preiselbeersaft hindern die bioaktiven Pflanzenstoffe der Cranberry die krankheitsauslösenden Bakterien daran, sich an den Gefäßwänden der Harnwege und der Harnblase festzusetzen, sodass die Bakterien mit dem Harn ausgespült werden (siehe auch Seite 17). Der Verzehr von Cranberrys kann somit allen, die zu Blasenentzündungen neigen, empfohlen werden. Auch bei Entzündungen der Mundschleimhaut haben Cranberrys eine heilende Wirkung, und möglicherweise hemmen sie überdies das Wachstum kariesauslösender Bakterien in den Zahnbelägen.

Schwarze Holunderbeeren

Der Schwarze Holunder *(Sambucus nigra)* zählt zur Gattung Holunder *(Sambucus)* innerhalb der Familie der Geißblattgewächse *(Caprifoliaceae).* Er wird auch Holler, Holderbusch, Holder oder Flieder genannt. In Mitteleuropa sind aus der Gattung Holunder neben dem Schwarzen Holunder der strauchförmige Rote Holunder *(Sambucus racemosa)* und der krautige Zwergholunder *(Sambucus ebulus)* heimisch. Die Beeren des Roten Holunders lassen sich wie die schwarzen Holunderbeeren verwerten, enthalten jedoch mehr Säure als diese.

Der Schwarze Holunder kann bis acht Meter hoch wachsen. Der große Strauch ist ausgesprochen wuchsfreudig, er bildet jedes Jahr eine Vielzahl neuer Triebe, an denen sich meist Blüten und Früchte entwickeln, und er wächst sehr rasch. Kommt er nicht unters Messer – respektive die Gartenschere – nimmt sein verzweigter Wuchs bald reichlich Platz in Anspruch. Seine Zweige enthalten breite Markzylinder mit weichem Mark. Die Rinde ist hellbraun bis grau, korkartig dick und tief gefurcht. Ab April, häufig bereits im März, treiben die jungen Blattfiedern aus. Jede Blattfieder besteht aus bis zu sieben Einzelblättern, in der Form schmalen Ellipsen mit gesägten Rändern ähnlich. Von Mai bis Juni gleicht der Holunderbusch einer weißen Wolke, denn unzählige breite Schirmrispen öffnen dann ihre winzigen weißen bis gelblichen Einzelblüten, die sich des regen Besuchs von Bienen, Fliegen und anderen Hautflüglern erfreuen. Der intensive, süßliche Blütenduft umweht die Nase, insbesondere bei warmem Wetter, schon von Weitem. Das einzigartige Aroma der Blüten lässt sich für Limonaden, Süßspeisen oder Essig nutzen.

Die anfangs grünen, dann roten und schließlich schwarzen Holunderbeeren reifen bis Ende August und im Laufe des Septembers heran und bergen jeweils drei Samen. Bei wildem Holunder reifen die Beeren ungleichmäßig, sodass eine Blü-

tendolde neben reifen schwarzen Beeren meist noch unreife, rötliche und bereits überreife Beeren besitzt. Kulturformen des Schwarzen Holunders für den Erwerbsanbau und den Anbau im Garten reifen dagegen üblicherweise gleichmäßig aus.

Rohe Holunderblätter, Rinde, rohe unreife Beeren und Samen der reifen rohen Beeren enthalten die Substanz Sambunigrin. Sambunigrin kann bei Kindern und sensiblen Erwachsenen Magenbeschwerden, Durchfall oder Übelkeit hervorrufen. Verzichten Sie also besser auf den Verzehr roher Blätter und Beeren und sortieren Sie bei der Verarbeitung Blätter, Stiele und unreife Beeren vorsichtshalber aus. Gekochte Beeren, rohes Fruchtfleisch oder roher Saft ohne Samen und die Blütchen der Schirmrispen ohne Stiele sind unbedenklich. Durch Erhitzen verliert Sambunigrin seine mögliche giftige Wirkung. Holunderbeeren sind der Gesundheit dann äußerst zuträglich.

Die natürlichen Lebensräume des Schwarzen Holunders sind Waldränder und Waldlichtungen. Er bevorzugt Sonne bis Halbschatten und nährstoffreiche, mittelschwere bis sandige, leicht saure Böden, wächst aber auch an etwas schattigeren Plätzen und in den Alpen in Lagen bis tausendfünfhundert Meter Höhe. Holunder ist nicht frostempfindlich. Aufgrund seiner Stickstoffliebe gedeiht er häufig und üppig wild wachsend in Siedlungsnähe und in Hausgärten.

Holunder im Garten

Am besten bekommt dem Strauch ein staunässefreier, tiefgründiger und nährstoffreicher Boden. Lockern Sie den Boden also gründlich, bevor Sie einen Holunder pflanzen, und reichern Sie die Erde mit stickstoffreichem organischen Material wie Kompost an. Auch eine Gründüngung, beispielsweise mit stickstoffsammelnden Leguminosen, bietet sich zur Verbesserung des Bodens an.

Pflanzen Sie Holunder am besten im Herbst, weil der Strauch sehr früh im Jahr austreibt und eine Pflanzung während des

Austriebs weniger günstig ist. Das junge Pflanzmaterial sollte als Mindesthöhe gut einen Meter messen und während der ersten Jahre gegebenenfalls einen Pfahl als Stütze erhalten, damit sich ein stabiler Stamm entwickeln kann. Ein Stützpfosten ist besonders dann wichtig, wenn – was sich empfiehlt – die jährlich erscheinenden Bodentriebe abgeschnitten werden.

Um einem allzu verzweigten Wuchs entgegenzuwirken und einen guten Fruchtansatz zu fördern, sollten Sie im Winter alle abgetragenen Triebe herausschneiden und die jungen Triebe, die im kommenden Jahr Blüten und Früchte ansetzen, etwas ausdünnen. Entfernen Sie außerdem regelmäßig abgestorbene Pflanzenteile und junge Triebe, die sehr weit unten, außen oder steil ansetzen oder schwach ausgebildet sind. Rücken Sie dem Holunder jedoch nicht im Frühling mit der Gartenschere zu Leibe, sondern wirklich nur im Herbst, Winter oder für den Jungtriebschnitt etwa eine Woche nach Blühbeginn, weil der Strauch zum Zeitpunkt des Austriebs im Frühling lange braucht, um die Schnittwunden zu schließen. Im ungünstigsten Fall »weint« er tagelang.

Der Holunder ist ein robustes und wenig anspruchsvolles Gewächs, das nur selten unter Schädlingsbefall und Krankheiten leidet. Wühlmäuse, die Schwarze Holunderblattlaus und Stiellähme machen die meisten Probleme. So setzen Wühlmäuse die Wurzeln des Strauches gern auf ihren Speiseplan. Im Erwerbsanbau können die Tiere durch ihre Fresslust große Schäden anrichten. Dem können Sie bereits beim Pflanzen des Holunders entgegenwirken, indem Sie die Pflanze in einen Drahtkorb setzen, der allerdings so groß sein muss, dass auch das ausgewachsene Wurzelwerk genügend Platz hat. Das Drahtgitter sollte dicht am Stamm anliegen und etwas aus der Erde ragen. Wenn Sie außerdem einige Kaiserkronen und Knoblauch in Nachbarschaft zum Holunder setzen und Knoblauchzehen in die Gänge der Wühlmäuse legen, verduften die Tiere aufgrund des Pflanzengeruchs sicherlich bald.

Einzelne Sträucher können mitunter stark unter dem Befall der Schwarzen Holunderblattlaus *(Aphis sambuci)* leiden. Die Blattläuse sitzen an den Doldenstielen und an den Blättern. Vor allem in windarmen Lagen und bei nährstoffarmem Boden ist die Pflanze anfällig. Lediglich den Befall der Jungpflanze sollten Sie mit Gegenmaßnahmen wie Brennnesseljauche lindern, ein ausgewachsener Strauch verkraftet die Blattläuse in der Regel. Fördern Sie blattlausfressende Nützlinge wie Marienkäfer und Florfliegen in Ihrem Garten und versorgen Sie den Holunder auf nährstoffarmem Boden mit Kompost und einer nährenden Mulchschicht.

An ungünstigen Standorten, bei feuchter Witterung oder überdüngtem Boden kann die Stiellähme, eine Pilzerkrankung, die Beerendolden kurz vor der Reife plötzlich welken lassen, die Beeren werden überschnell reif, trocknen ein und fallen ab. Achten Sie auf vorbeugende Maßnahmen wie einen guten Standort, regelmäßigen Schnitt und maßvolle Düngung.

Ein Vogelschutznetz kann gegen Vogelfraß helfen.

Holundersorten für den Anbau im Garten sind zum Beispiel die Sorten 'Haschberg' und die rotstielige Sorte 'Mammut'. Die Sorte 'Haschberg' ist auch im Erwerbsanbau verbreitet, weil sie sich unkompliziert als Bäumchen ziehen lässt. Die Beeren reifen gleichmäßig aus und halten auch im reifen Zustand an den Schirmrispen. Ihr Gehalte an farbgebenden Anthocyanen und Zucker sind wie der Ertrag hoch.

Holunder in der Küche

Da die reifen Beeren intensiv färben, sollten sie am besten mit Handschuhen geerntet werden. Schneiden Sie die ganzen Dolden ab, und streifen Sie die Beeren erst nach dem Waschen von den Stielen. Die Beeren lassen sich problemlos tiefgefrieren. Aus Holunderbeeren können aromatisches Gelee, Konfitüren, Mus, Saft, Likör oder Wein bereitet werden. Der ungezuckerte Saft ist recht herb, in Kombination mit Apfelsaft oder anderen süßen Obstsäften entfaltet sich das Aroma jedoch ausgezeichnet. Holunderbeersuppe, auch Fliederbeersuppe genannt, oder Rote Grütze mit Holunderbeeren sind bekannte Spezialitäten mit den Beeren. Reiner Holunderbeersaft ist im Naturkostladen und Reformhaus erhältlich.

Neben den Beeren finden auch die Holunderblüten in der Küche Verwendung. Beliebt sind beispielsweise in Teig ausgebackene Holunderblüten, auch Holunderblütenpfannkuchen, Holunderküchle oder Hollerküchel genannt. Man kann die dekorativen Blütchen auch mit einer Schere von den Stielen abschneiden und über Salate und Süßspeisen streuen. Die Blüten verleihen zuckerhaltigen Flüssigkeiten ihr süßes Aroma – Holunderblütensirup und Holunderblütenlimonade künden von hellen Frühsommertagen und kurzen Nächten.

Der intensiv rotviolett färbende Saft der Holunderbeeren dient – auch im großen Maßstab – als natürlicher Farbstoff in der Lebensmittelindustrie.

Holunder für die Gesundheit

Holunderbeeren enthalten reichlich Vitamin A, Vitamin C, B-Vitamine und Kalium. Ihr Gehalt an ätherischen Ölen und gesunden bioaktiven Pflanzenstoffen, insbesondere an Flavonoiden – der violette Farbstoff der Beeren, das Sambucyanin, gehört zu den Flavonoiden – und Anthocyanen, ist hervorragend. Flavonoide und Anthocyane schützen vor freien Radikalen und wirken so der vorschnellen Zellalterung, Zellschäden und Herz-Kreislauf-Erkrankungen entgegen. Holunderbeeren und Holunderbeerensaft wirken vor allem aufgrund ihres Gehaltes an diesen Inhaltsstoffen antioxidativ und abwehrstärkend. Sie lindern Erkältungen und grippale Infekte. In der Naturheilkunde werden sie außerdem bei Nervenschmerzen wie Migräne, Ischias, Nieren- und Blasenleiden eingesetzt. Auch die Blüten sind sehr reich an ätherischen Ölen, Kalium und Flavonoiden. Die ätherischen Öle und die Salicylsäure der Blüte wirken leicht schweißtreibend, schleimlösend und entzündungshemmend, sodass Holunderblüten oft zusammen mit Lindenblüten als Tee bei Erkältungen und Fieber, aber auch bei Magenbeschwerden Verwendung finden.

Für einen Tee übergießen Sie einen Esslöffel getrocknete Blüten mit einer großen Tasse kochendem Wasser, lassen den Tee zugedeckt fünf bis zehn Minuten ziehen und seihen ab. Zur Inhalation bei Erkältungen und Husten werden fünfzehn Gramm getrocknete Blüten mit einem Liter heißem Wasser übergossen. Wenn der Sud leicht abgekühlt ist, geben Sie ihn in eine große Schüssel und halten den Kopf mit einem Handtuch bedeckt darüber. Wer ein Vollbad nehmen möchte, füllt ein Leinensäckchen mit zwei Handvoll Holunderblüten und hängt es ins einlaufende Badewasser. Die äußerlichen Anwendungen werden auch bei unreiner Haut empfohlen – das Bad für Dekolleté und Rücken, die Inhalation als Gesichtsdampfbad für das Gesicht.

Lebensbaum Holunder

Nicht nur die Germanen verehrten den Holunder wegen seiner Heilkraft – noch im 17. Jahrhundert war es üblich, vor dem »Hollerbusch« den Hut zu ziehen. Dem Holunderstrauch wurden sowohl positive als auch unheilvolle Eigenschaften nachgesagt. So sollte das Verdorren eines Strauches den Tod eines Familienmitglieds anzeigen. Der Holunder galt als Abwehrmittel gegen schwarze Magie, und er schützte vor Hausbrand und Blitzeinschlag. Auch beherbergte er als Haus- und Lebensbaum, der in Beeren, Blüten, Blättern und Rinde vielfältige Heilmittel liefert, wohlgesinnte Hausgeister. Das Entfernen eines Holunderstrauches sollte deshalb Unglück über die Hausgemeinschaft bringen. Eine alte Bauernregel zeugt vom Glücksbringer Holunder:

»Wie der Hollunder blüht, Rebe auch und Lieb' erglüht. Blühen beid' im Vollmondschein, gibt's viel Glück und guten Wein.«

Sanddornbeeren

Der Sanddorn *(Hippophae rhamnoides)* zählt zur Gattung der Sanddorne aus der Familie der Ölweidengewächse *(Eleagnaceae)*. Hierzulande heimische Unterarten sind der Gebirgssanddorn, der Küstensanddorn und der Karpatensanddorn.

Sanddornsträucher können bis vier Meter, selten als kleine Bäume bis sechs Meter hoch werden. Ihre Zweige sind je nach Unterart lang und biegsam oder kurz und steif und mehr oder weniger stark mit langen Dornen besetzt. Winzige Schuppen liegen auf Rinde, Dornen und Knospen des Strauches und lassen diese bräunlich bis silbergrau schimmern. Die Blätter des Sanddorns sind schmal lanzettlich wie Weidenblätter geformt, oberseitig grünlich grau und auf den Unterseiten mit einem weißlichen Haarfilz vor Wasserverlusten durch Verdunstung und Trockenheit geschützt. Die Blätter sitzen dicht an dicht an den Zweigen und kurzen Trieben des Strauches und fallen im Herbst ab. Ab Mai entwickeln sich an den äußeren Enden der älteren Zweige junge Triebe, die bis zum Herbst verdornen. Ältere Äste und Zweige sterben nach einigen Jahren ab und bilden – sofern der Strauch im Herbst nach der Ernte nicht gelegentlich ausgelichtet wird – ein trockenes und dorniges Zweiggewirr im Inneren des Gehölzes.

Sanddorn ist zweihäusig, das heißt, es gibt rein männliche Pflanzen mit männlichen Blüten und rein weibliche Pflanzen mit weiblichen Blüten. Nur die weiblichen Blüten können sich zu Sanddornbeeren entwickeln, müssen hierfür aber von den Pollen der männlichen Blüten bestäubt werden. Der männliche Pollenstaub wird durch den Wind auf die weiblichen Blüten übertragen. Für eine reiche Sanddornernte empfiehlt es sich also, einen männlichen Strauch zu mehreren weiblichen Sträuchern zu gesellen, sofern in der Nachbarschaft nicht ebenfalls Sanddorn gedeiht. Das erste Mal blüht der Strauch, wenn er etwa sechs Jahre alt ist. So lange müssen Sie sich

gedulden, wenn Sie einen jungen Schössling in Ihren Garten setzen. Baumschulen bieten aber auch ältere Sträucher an, die bereits einmal geblüht und im Falle von weiblichen Pflanzen getragen haben. Bei diesen Pflanzen ist das Geschlecht eindeutig bekannt, sodass Sie sicher sein können, mehrere weibliche Pflanzen und eine männliche Pflanze zu erwerben und nicht aus Versehen nur weibliche oder nur männliche Pflanzen.

Die unauffälligen bräunlichen Blüten sitzen an den vorjährigen Jungtrieben und öffnen sich im April, bevor die Blätter austreiben. Von September bis November können die leuchtend orangefarbenen Beeren geerntet werden. Sie sitzen oftmals dicht nebeneinander an sehr kurzen Stielchen wie Perlenketten an den Zweigen und haben eine derbe und zugleich dünne, glänzende Haut, die leicht aufplatzt. Jede der etwa erbsengroßen, kugeligen oder walzenförmigen Beeren enthält meist einen einzelnen Kern, der von gelblich schleimigem, saftigem bis mehligem Fruchtfleisch umhüllt ist. Sanddorn vermehrt sich über Samen und über Wurzelausläufer.

Die natürlichen Lebensräume des Sanddorns sind trockene, sandige bis kiesige Standorte in trockenen Flussauen und an Küsten. Sanddorn ist ein häufiger Bewohner des schottergeprägten Alpenvorlandes und sandiger Dünenlandschaften an Nord- und Ostseeküste. Man findet ihn in lichten Kiefernwäldern mit sandigen Böden, entlang felsiger Gebirgsbäche in den Alpen bis tausendachthundert Meter Höhe, in Kiesgruben und an Straßenböschungen. Aufgrund seiner äußerst weit und tief reichenden Wurzeln – knapp unter der Erdoberfläche kriechende Seitenwurzeln können sich mehr als zehn Meter rings um den Strauch erstrecken und verankern diesen dadurch fest in steinigen, sandigen und sehr durchlässigen Böden –, seiner derben, oberflächenkleinen Blätter und seiner wassersparenden und lichtreflektierenden Rinden- und Blattstruktur ist Sanddorn ausgezeichnet an trockene, flachgründige, salzhaltige und intensiv sonnige Standorte angepasst.

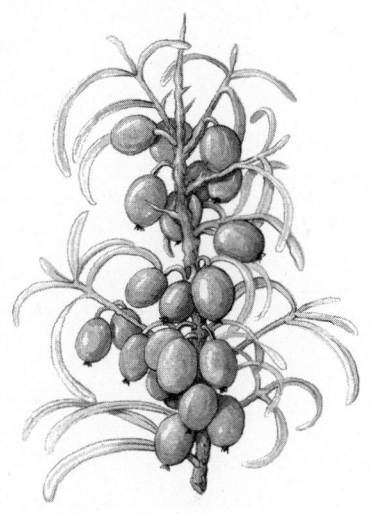

Sanddorn im Garten

Im Garten bevorzugt Sanddorn einen sonnigen Standort und nährstoffreichen, eher kalkhaltigen, leicht basischen, lockeren Boden. Er kommt aber auch mit einem humus- und nährstoffarmen Boden zurecht und reichert diesen dann über die Jahre mit Hilfe von stickstoffbindenden Bodenpilzen, mit denen er in Symbiose lebt, mit Humus an. Der Boden darf gelegentlich sowohl in der Tiefe gut feucht bis nass als auch oberflächlich trocken sein. Schlecht verträgt Sanddorn saure, stark verdichtete und staunasse Böden. Sie dürfen dem Strauch auch ein zugiges Garteneck zur Verfügung stellen, denn als sturmgeprüfter Küsten- und Gebirgsbewohner bleibt er von windigen Verhältnissen unbeeindruckt.

Sanddorn ist kaum anfällig gegenüber Krankheiten und Schädlingen. Sanddornsorten, die erwerbsmäßig angebaut werden, sind beispielsweise 'Leikora', 'Hergo' oder 'Askola'.

Diese weiblichen Sorten tragen reich, haben attraktive Wuchs-
formen und eignen sich auch für den Anbau im Garten. Es gibt
auch dornenlose Sorten. Eine männliche Sorte ist 'Pollmix'.

Sanddorn in der Küche

Die Ernte der Sanddornbeeren ist etwas aufwendig,
denn die Früchte lassen sich sehr leicht zwischen
den Fingern zerdrücken, wenn Sie diese von den Stielen zu
zupfen. Besser ist es deshalb, die Beeren mit der Schere abzuschneiden. Nehmen Sie ein Band, binden Sie dieses um den
beerentragenden Zweig, ziehen Sie den Zweig zu sich heran
und schneiden Sie die Beeren mit einer kleinen Schere ab. Bei
einigen Sorten lassen sich die Beeren auch von den Zweigen
schütteln. Legen Sie hierfür ein großes Tuch oder eine Folie
unter den Strauch, die Ihnen helfen, die abgefallenen Beeren,
ohne sie zu zerdrücken, einzusammeln. Eine weitere Ernte-
möglichkeit besteht darin, einen beerentragenden Zweig abzuschneiden, den Zweig mit den Beeren in ein Gefriergerät zu
legen und die Beeren abzulösen, wenn sie gefroren sind. Im
gefrorenen Zustand sind die Beeren viel robuster.

Frische Sanddornbeeren schmecken sehr säuerlich, herb und
leicht bitter. Deshalb werden sie kaum roh verzehrt, sondern
meist mit Honig, Sirup oder Zucker zu hocharomatischen Säf-
ten, Mus oder Konfitüren verarbeitet. Dickflüssiger Vollfruchtsaft, Fruchtmus und Konfitüren harmonieren hervorragend mit
Obstsalat, Kompott, Eis, Joghurt und Quark. Sie verleihen Getreidegerichten und Müsli eine fruchtig frische Note und schmecken auch pur vom Löffel genascht. Die wertvollen Inhaltsstoffe der Beeren bleiben am besten erhalten, wenn Sie die frischen
Früchte im rohen Zustand pressen und den so gewonnenen
Saft und das Fruchtmus anschließend nach Belieben süßen.
Doch auch wenn Sie die Früchte zur Verarbeitung erhitzen,
sind die so entstandenen Produkte eine gesunde und wohl-
schmeckende Bereicherung Ihres Speisezettels.

Sanddornkernöl und Sanddornfruchtfleischöl können in der Küche als Salatöle genutzt werden. Es bietet sich an, die Öle hierfür zum Beispiel mit Sonnenblumenöl zu mischen.

Sanddorn für die Gesundheit

Sanddornbeeren sind überaus reich an Vitamin C. Der Gehalt ist abhängig von der Unterart und von der Sorte und liegt zwischen zweihundert und neunhundert Milligramm pro hundert Gramm frische Beere. Zum Vergleich: Der durchschnittliche Vitamin-C-Gehalt von Zitrusfrüchten liegt bei fünfzig Milligramm pro hundert Gramm frische Frucht. Besonders viel Vitamin C enthält offenbar der Gebirgssanddorn, der wild vor allem in den Alpen und im Alpenvorland gedeiht. Neben Vitamin C bieten uns Sanddornbeeren reichlich Carotinoide und Flavonoide, B-Vitamine und Vitamin E, Calcium, Magnesium und Kalium. Sanddorn ist ein altbewährtes Heilmittel bei Erkältungskrankheiten und bei Anfälligkeit gegenüber Husten, Schnupfen und Grippe. Die Inhaltsstoffe der Beeren wirken entzündungshemmend, stärkend und kreislaufanregend, sie können bei Kopfschmerzen, Konzentrationsschwäche und Magen-Darm-Problemen helfen.

Sanddornfruchtfleisch enthält zwischen drei und fünf Prozent Öl, das reich an mehrfach ungesättigten Fettsäuren ist. Auch die Samen enthalten Öl, das als Sanddornkernöl erhältlich ist. Es gibt somit zwei Sorten Sanddornöl: das Fruchtfleischöl und das Kernöl. Beide Öle können sowohl äußerlich als auch innerlich angewendet werden.

Das dunkle Fruchtfleischöl enthält neben reichlich Betacarotin auch Vitamin E und Ölsäure und eignet sich gut zur Hautregeneration. Es wird pur und in Cremes verwendet. Zusätzlich bietet es einen gewissen Schutz vor Sonneneinstrahlung, weshalb es Bestandteil von Sonnenschutzmitteln sein kann.

Das Sanddornkernöl ist heller, enthält weniger Carotinoide, dafür aber viele ungesättigte Fettsäuren. Es wird gern in Mas-

sageölen eingesetzt. Es wirkt entzündungshemmend bei Akne und Entzündungen im Magen-Darm-Trakt und kann in Form von Mundspülungen bei Zahnfleisch- oder Mandelentzündungen helfen.

Das unter der Bezeichnung »Sanddornöl« angebotene Öl ist meist eine Mischung aus Fruchtfleisch- und Kernöl.

Beeren kaufen und sammeln

Beeren kaufen

Achten Sie beim Kauf von Beeren darauf, dass der Behälter oder das Körbchen am Boden trocken ist. Wenn dies nicht der Fall ist, sind die zuunterst liegenden Beeren eventuell angestoßen oder sogar faulig und müssen sofort aussortiert werden. Die anderen Beeren würden sonst im Nu auch faulen.

Allgemeine Tipps:
- ❖ Achten Sie darauf, dass die Beeren prall und glänzend aussehen, nicht zu fest und nicht zu weich sind.
- ❖ Beeren vertragen Hitze und lange Transportwege schlecht, kaufen Sie deshalb am besten Beeren aus der Umgebung, wenn sie Saison haben.
- ❖ Nehmen Sie die Verkaufsschälchen genau unter die Lupe, denn angeschimmelte Stellen breiten sich schnell aus.
- ❖ Zu Hause sollten die Beeren im Kühlschrank maximal zwei bis drei Tage aufbewahrt werden.

Wilde Beeren sammeln

Durch die Wälder zu streifen, ist für viele Naturliebhaber ein Muss. Klar, dass man sich dabei auch an den Gaben der Natur erfreut und Heidelbeeren, Preiselbeeren, Walderdbeeren, wilde Brombeeren und Himbeeren nascht, wenn man sie findet. Doch wenn man in der freien Natur auf Beerenjagd geht, gibt es einige Dinge zu bedenken.

Das sind zum einen die Eigentumsverhältnisse. Nicht nur auf Privatgrundstücken, auch in Schutzgebieten darf oft nicht gesammelt werden. Zweitens bleiben die Beeren nur schön, wenn sie in geeigneten Behältern nach Hause transportiert werden. Großmutter nahm früher die Milchkanne mit in den Wald. Drittens ist das Vergnügen in den letzten Jahren durch Berichte über die Fuchsbandwurmerkrankung getrübt worden.

Von dieser Krankheit befallene Füchse verteilen bei ihren nächtlichen Streifzügen durch Feld und Wald die Eier dieses Parasiten mit ihrem Kot an niedrigen Büschen und Sträuchern. Die Eier können aus dem getrockneten Kot auch über den Wind verteilt werden. In Deutschland sind vor allem die Füchse der Schwäbischen Alb, Oberschwabens und des Allgäus betroffen, in der Schweiz vor allem die des Kantons Thurgau.

Der Mensch muss die Bandwurmeier über den Mund aufnehmen, um sich zu infizieren. Nicht jedes aufgenommene Ei führt zur Infektion. Falls es zur Infektion kommt, wird der Mensch zum Fehlzwischenwirt – »Fehl-«, da er die Erkrankung nicht weitergibt – anders als Hunde oder Katzen, die anfälliger für eine Infektion sind als der Mensch und die Eier wie der Fuchs mit ihrem Kot ausscheiden.

Die alveoläre Echinokokkose genannte Erkrankung hat eine sehr lange Inkubationszeit. Von der Infektion bis zur Diagnose können beim Menschen bis zu fünfzehn Jahre vergehen. Das Tragische dabei ist, dass die Erkrankung dann schon weit fortgeschritten und die Behandlung infolgedessen schwierig ist. Wenn eine Operation und Heilung unmöglich ist, müssen die Betroffenen ihr Leben lang Medikamente nehmen, um die Symptome zu lindern. Nach der Infektion findet in den Organen des Betroffenen, vor allem in der Leber, in der Lunge und im Gehirn, eine Finnenentwicklung statt, wodurch die Organe schleichend zerstört werden.

Neuere wissenschaftliche Erkenntnisse und Risikobewertungen betonen, dass die seltenen Fälle der Fuchsbandwurmerkrankung beim Menschen durch den Kontakt dieser Menschen mit befallenen Katzen und Hunden entstanden sein können. Um sich vor dem Fuchsbandwurm zu schützen, sollten Sie sich also nach dem Streicheln von Hunden und Katzen immer

gründlich die Hände waschen und Ihren Hund und Ihre Katze regelmäßig entwurmen.

Es kann nicht schaden, alle wild gesammelten Beeren vor dem Verzehr gründlich zu waschen und – wenn Sie sich ganz sicher fühlen möchten, alle möglichen Krankheitserreger, also nicht nur die Eier des Fuchsbandwurmes, abzutöten – mehrere Minuten über sechzig Grad Celsius zu erhitzen.

Wenn Sie die Früchte des Sanddorns sammeln möchten, der oft an Wegrändern wächst, sollten Sie dies nicht mit den Fingern tun, denn die Beeren lassen sich sehr leicht zerdrücken. Nehmen Sie besser ein Band, binden Sie dieses es um einen beerentragenden Sanddornast, ziehen den Ast zu sich heran und schneiden die Beeren mit einer kleinen Schere ab. Auch bei der Holunderernte ist eine Schere sehr nützlich, um jeweils die ganzen Blüten- oder Beerendolden zu ernten.

Beeren genießen

Frische Beeren lagern

Selbst gepflückte frische Beeren, die direkt nach der Ernte gegessen werden, sind die beste Wahl, um essentielle Nährstoffe aufzunehmen. Die nächstbeste Wahl sind tiefgefrorene Beeren, insbesondere, wenn die Beeren direkt nach dem Pflücken eingefroren wurden. Tiefgefrorene Beeren aus der heimischen Region sind oft nährstoffhaltiger als frische Beeren, die eine lange Strecke und eine lange Zeit transportiert werden, bevor sie ihren Bestimmungsort erreichen, da Beeren schon bald nach dem Pflücken einige ihrer Nährstoffe verlieren. Beeren, die direkt nach der Ernte eingefroren werden, bewahren viele ihrer Nährstoffe und bioaktiven Pflanzenstoffe.

Das **Einfrieren** ist ein sehr schonender Prozess zur Konservierung von Lebensmitteln. Sehr niedrige Temperaturen (minus 18 °C) unterbinden das Wachstum von Mikroorganismen und verlangsamen die enzymatischen und chemischen Aktivitäten. Speziell der Gehalt an Vitamin C, einem der empfindlichsten Nährstoffe, ist beispielsweise bei tiefgefrorenen Erdbeeren nahezu der gleiche wie bei frisch gepflückten Erdbeeren und verändert sich monatelang kaum. Wenn man jedoch Obst drei Tage lang ungefroren lagert, wird es rund fünfzig Prozent seines Vitamin-C-Gehaltes verlieren. Frisch gepflückte und tiefgefrorene Beeren haben ungefähr den gleichen Nährstoffgehalt.

Frisch gepflückte Beeren, die nicht eingefroren werden sollen, stehen am besten **im Kühlschrank** oder an einem schattigen, kühlen Platz im Keller.

Beeren waschen und putzen

❖ Alle Beeren **erst kurz vor dem Verzehr waschen** und Johannisbeeren von den Stielen entfernen, da sie nach dem Waschen rasch einen Teil ihrer positiven Inhaltsstoffe verlieren.

❖ Vor allem Himbeeren und Brombeeren so wenig wie möglich waschen.

❖ Das Obst mit Küchenpapier abtupfen.

❖ Beeren lassen sich zum Beispiel zu Roter Grütze, Gelee, Konfitüre, Kuchen, Torten oder Desserts verarbeiten. Ein Klassiker ist Vanilleeis mit heißen Himbeeren. Aber auch zum Frühstück können Sie das Müsli mit frischen Beeren »aufpeppen«. Sie sind den in fertigen Müslimischungen beliebten gefriergetrockneten Beeren im Nährstoffgehalt überlegen. Schmackhaft sind auch Quarkdesserts mit Beeren. Oder Sie genießen die Vitaminbomben einfach pur!

Erntekalender für Beeren

Beerenart	Erntesaison (Monate)	Hauptangebot (Monate)
Brombeeren	7 – 10	8
Cranberrys	9 – 12	
Erdbeeren	5 – 10	6 – 7
Heidelbeeren	6 – 9	7 – 8
Himbeeren	6 – 10	7
Holunderbeeren	8 – 9	
Johannisbeeren	6 – 9	7
Preiselbeeren	8 – 9	
Sanddornbeeren	8 – 12	
Stachelbeeren	6 – 8	6 – 7

Backtemperaturen und Backzeiten

Alle Backtemperaturen und -zeiten in diesem Buch beziehen sich – wenn nicht anders angegeben – auf **Elektroherde mit Ober- und Unterhitze.** Wer im Gas- oder Umluftofen gute Ergebnisse erzielen möchte, darf diese Angaben keinesfalls übernehmen, da dies mit »außen verbrannt, innen noch nicht durchgebacken« ausgehen kann. Lesen Sie daher die Angaben des jeweiligen Herstellers zum Thema Backtemperaturen in der Anleitung zu Ihrem Herd. Zusätzlich zur Anpassung der Temperatur kann es sein, dass beim Backen im Gasherd die Backzeit gegenüber der in den Rezepten angegebenen Zeit etwas reduziert werden muss. Schauen Sie daher bitte bereits nach zwei Drittel der Backzeit, wie das Gebäck aussieht.

Gutes Gelingen!

Temperaturumrechnung für Gas und Umluft

Elektrobackofen	Gasbackofen	Umluftbackofen
120 – 150 °C	Stufe ½ – 1	etwa 100 °C
150 °C	Stufe 1	etwa 130 °C
180 °C	Stufe 2	etwa 150 °C
200 °C	Stufe 3	etwa 170 °C
225 °C	Stufe 4	etwa 190 °C
250 °C	Stufe 5	etwa 220 °C
275 °C	Stufe 6	etwa 240 °C

Achten Sie auch auf die Herstellerangaben Ihres Backofens!

Rezepte mit Beeren

Rezepte mit Johannisbeeren

Johannisbeermuffins

Für zwölf Muffins
250 g rote Johannisbeeren
100 g weiche Butter
150 g Honig
1 Päckchen Bourbonvanillezucker
2 Eier
1 Prise Meersalz
250 g Weizenvollkornmehl
2 TL Weinsteinbackpulver
175 ml Buttermilch
eventuell etwas Butter für das Muffinblech

❖ Johannisbeeren waschen und abtropfen lassen.
Butter in eine Schüssel geben, den Honig und den Vanillezucker hinzufügen und schaumig schlagen. Nacheinander
die Eier und das Salz unterrühren.
❖ Mehl, Backpulver und Buttermilch nach und nach abwech-
selnd hinzugeben. Zum Schluss die Johannisbeeren unterheben.
❖ Backofen auf 200 °C vorheizen.
❖ Muffinblech fetten oder Papierförmchen in die Vertiefungen
des Bleches legen. Teig gleichmäßig in die Vertiefungen
füllen und Muffins auf der unteren Schiene des Backofens
35 bis 45 Minuten backen.
❖ Fertige Muffins aus den Formen stürzen und auf einem Gitterrost abkühlen lassen.

Johannisbeergelee als Dessert

Für vier Portionen
1 TL Agar-Agar
250 ml roter Johannisbeersaft
2 TL Honig
300 g rote Johannisbeeren
  (oder rot, weiß, schwarz gemischt)

❖ Agar-Agar mit etwas Saft anrühren.
❖ Restlichen Saft mit Honig aufkochen, Agar-Agar zugeben und nochmals kurz aufkochen lassen.
❖ Geputzte Beeren unterrühren und das Gelee in eine mit kaltem Wasser ausgespülte Schüssel füllen.
❖ Im Kühlschrank vollständig erstarren lassen. Nach dem Erkalten stürzen.

 Dazu passt Naturjoghurt.

Johannisbeer-Streusel-Kuchen mit Quark

Für ein Backblech
Für den Kuchenboden:
450 g Weizenvollkornmehl
1 Päckchen Trockenhefe oder 1 Würfel frische Hefe
200 ml Vollmilch
50 g Honig
1 Prise Meersalz
1 Ei
50 ml Sonnenblumenöl
ungehärtete Margarine für das Backblech

Für den Belag:
1 kg rote Johannisbeeren
3 Eier
125 g Honig
750 g Quark (40 % Fett)
1 Päckchen Vanillepuddingpulver
2 EL Zitronensaft

Für die Streusel:
50 g Weizenvollkornmehl (Kleie ausgesiebt)
50 g Vollrohrzucker
50 g gemahlene Mandeln
1 TL Zimt
75 g Butter

❖ Mehl in eine Schüssel füllen. In die Mitte eine Mulde drücken und die Hefe hineingeben. Milch und Honig hinzufügen, mit etwas Mehl zu einem flüssigen Brei rühren und mit einem sauberen Handtuch abgedeckt etwa 15 Minuten gehen lassen.

- ❖ Zwischenzeitlich Johannisbeeren waschen, trockenschütteln, Stiele entfernen.
- ❖ Die Prise Salz, das Ei und Sonnenblumenöl zum Teig geben und alles miteinander verkneten, bis sich der Teig von der Schüsselwand löst. Nun 30 Minuten gehen lassen.
- ❖ Eier für den Belag trennen, Eiweiß zu Eischnee schlagen. Eigelb mit Honig verrühren, Quark, Puddingpulver und Zitronensaft hinzufügen. Zum Schluss den Eischnee unterheben.
- ❖ Backofen auf 200 °C vorheizen.
- ❖ Backblech einfetten. Teig nochmals durchkneten, auswellen und auf das gefettete Backblech legen. Zuerst die Quarkmasse, dann die Beeren darauf verteilen.
- ❖ Auf der Mittelschiene des Ofens etwa 40 Minuten backen.
- ❖ Streuselzutaten mischen und mit den Fingerspitzen zu Streuseln zerkrümeln. Auf den Kuchen streuen und diesen weitere 20 Minuten backen.
- ❖ Fertigen Kuchen vom Blech nehmen und auf einem Kuchengitter auskühlen lassen.

 Das Rezept eignet sich auch für Stachelbeeren.

Linzer Torte

Für eine Springform
200 g Weizenvollkornmehl
30 g Vollrohrzucker
1 Prise Meersalz
130 g kalte ungehärtete Margarine
70 g gemahlene Haselnüsse
1 Ei
etwas ungehärtete Margarine für die Springform
etwas Mehl zum Auswellen des Teiges
150 g rotes Johannisbeergelee (siehe Seite 180)
1 Eigelb zum Bestreichen

❖ Mehl auf ein Backbrett sieben. In die Mitte eine Mulde drücken. Zucker, eine Prise Salz, Margarine, gemahlene Haselnüsse und das Ei hineingeben. Zuerst mit dem Messer durchhacken, anschließend mit den Händen durchkneten.

❖ Etwa 1 Stunde im Kühlschrank aufbewahren.

❖ Eine Springform fetten.

❖ Backofen auf 180 °C vorheizen.

❖ Etwas Mehl zum Auswellen auf die Arbeitsfläche streuen, drei Viertel des Teiges auswellen und die gefettete Springform damit auskleiden. Das Gelee auf dem Teig ausstreichen.

❖ Den Teigrest ausrollen, in schmale Streifen schneiden (oder mit dem Teigrädchen radeln) und als Gitter auf die Konfitüre legen.

❖ Teiggitter mit verquirltem Eigelb bestreichen, im Backofen etwa 20 Minuten backen.

❖ Auskühlen lassen, erst dann in Stücke schneiden.

Johannisbeerauflauf mit Milchreis

Für vier Portionen
400 g rote Johannisbeeren
  (oder rot, weiß, schwarz gemischt)
125 g Vollkornmilchreis
1 Prise Meersalz
750 ml Milch
3 Eier
5 EL Birnendicksaft
etwas Butter für die Auflaufform
1 EL gemahlene Haselnüsse
1 EL Vollrohrzucker

❖ Johannisbeeren waschen, mit einer Gabel von den Stielen streifen und in einem Sieb abtropfen lassen.
❖ Milchreis mit einer Prise Salz in der Milch gar kochen.
❖ Inzwischen die Eier trennen. Eiweiß zu Eischnee schlagen. Eigelb zusammen mit dem Birnendicksaft zum gekochten Reis geben und unterrühren. Dann den Eischnee unterheben. Zum Schluss auch die Johannisbeeren unterheben.
❖ Backofen auf 200 °C vorheizen.
❖ Eine Auflaufform mit Butter ausstreichen. Masse einfüllen, mit Nüssen und Zucker bestreuen.
❖ Den Auflauf im Backofen etwa 30 Minuten backen.

Quarkauflauf mit Johannisbeeren

Für vier Portionen
300 g rote Johannisbeeren
20 g Butter
40 g Vollrohrzucker
100 g Vollkornhaferflocken
400 g Quark (20 % Fett)
1 Päckchen Vanillepuddingpulver
2 Eier
etwas Butter für die Auflaufform

❖ Johannisbeeren waschen, mit einer Gabel von den Stielen streifen und in einem Sieb abtropfen lassen.
❖ Butter in einer Pfanne leicht erhitzen und die Hälfte des Zuckers darin auf mittlerer Temperatur schmelzen lassen. Haferflocken hinzufügen und unter Rühren goldgelb rösten. Abkühlen lassen.
❖ Backofen auf 200 °C vorheizen.
❖ Quark mit dem restlichen Zucker in eine Schüssel geben, das Vanillepuddingpulver unterrühren. Eier trennen, das Eigelb unter den Quark rühren und das Eiweiß zu Eischnee schlagen.
❖ Quark mit Ahornsirup süßen und die Johannisbeeren untermischen. Haferflocken hinzufügen und mit der Quarkmasse verrühren. Eischnee locker unter die Quarkmasse heben.
❖ Eine Auflaufform leicht einfetten und die Quarkmasse einfüllen.
❖ Johannisbeerauflauf auf der mittleren Schiene in den Ofen schieben und etwa 40 Minuten backen, bis der Auflauf goldbraun ist. Den Auflauf eventuell kurz vor Ende der Backzeit mit Alufolie abdecken, falls er zu dunkel wird.

Johannisbeerlimonade

Für ein Glas Limonade
4 EL schwarzer Johannisbeersaft
Saft einer Zitrone
Saft einer Orange
150 ml Mineralwasser
1 Eiswürfel

❖ Alle Zutaten miteinander vermischen.

Rezepte mit Stachelbeeren

Baiser-Mandel-Stachelbeer-Torte

Für die Tortenböden und das Baiser:
ungehärtete Margarine für die Springformen
4 Eier
125 g Honig
1 Päckchen Bourbonvanillezucker
100 g ungehärtete Margarine
150 g Weizenvollkornmehl
1 TL Weinsteinbackpulver
200 g Vollrohrzucker
100 g Mandelblättchen

Für die Füllung:
500 g Stachelbeeren
Wasser zum Blanchieren und für den Guss
1 Päckchen gelatinefreier Tortenguss (mit Apfelpektin,
*   aus Naturkostladen oder Reformhaus)*
40 g Vollrohrzucker
500 ml süße Sahne

❖ Zwei Springformen mit Margarine ausfetten.
❖ Eier trennen. Eigelb mit Honig, Vanillezucker, Margarine, Mehl und Backpulver in eine Schüssel geben, verkneten und gleichmäßig in den zwei Springformen verteilen.
❖ Eiweiß mit dem Zucker zu Baiser schlagen – Zucker beim Schlagen löffelweise hinzugeben, bis die Eiweißmasse fest ist.
❖ Backofen auf 200 °C vorheizen.
❖ Die Eiweißmasse gleichmäßig auf den beiden Tortenböden verteilen und mit den Mandelblättchen bestreuen.

❖ Baiserböden backen. Die Backzeit beträgt etwa 25 Minuten. Fertige Tortenböden aus dem Ofen nehmen und abkühlen lassen.

❖ Stachelbeeren in so viel Wasser blanchieren, dass die Beeren gerade bedeckt sind. Beeren gut abtropfen lassen und Wasser auffangen. Dann die Stachelbeeren auf den einen Tortenboden geben.

❖ Guss nach Packungsanleitung kochen (Abtropfsaft verwenden).

❖ Stachelbeeren mit dem Guss überziehen. Erkalten lassen.

❖ Sahne möglichst steif schlagen. Geschlagene Sahne auf den Stachelbeeren verteilen.

❖ Den zweiten Tortenboden in Tortenstücke schneiden und diese auf die Sahne setzen.

Kiwis passen farblich ausgezeichnet zu grünen oder gelben Stachelbeeren und betonen sehr harmonisch das Aroma der Beeren. Versuchen Sie diese Torte auch mit einer Füllung aus halb Stachelbeeren und halb Kiwis.

Stachelbeertrifle

Für vier Portionen
Für die Kuchenschicht:
1 unbehandelte Zitrone
100 g Butter
120 g Vollrohrzucker
1 Päckchen Bourbonvanillezucker
3 Eier
150 g Dinkelvollkornmehl
1 Päckchen Weinsteinbackpulver
etwas Butter oder ungehärtete Margarine für die Kastenform
etwas Mehl für die Kastenform

Außerdem:
500 g Stachelbeeren
100 g Vollrohrzucker
knapp 250 ml Wasser
1 Päckchen Mandelpuddingpulver
500 ml Milch
100 g Mandelblättchen
100 ml süße Sahne

❖ Schale der Zitrone abreiben und Saft auspressen.
❖ Die Butter schaumig rühren, Zucker, Vanillezucker, etwas abgeriebene Zitronenschale und den Saft der Zitrone hinzufügen.
❖ Die Eier trennen und das Eigelb nach und nach unter die Buttermasse rühren – der Zucker muss sich vollständig aufgelöst haben. Das Mehl mit dem Backpulver über die Butter-Eier-Masse sieben und alles zu einem glatten Teig verarbeiten. Zum Schluss Eiweiß zu Schnee schlagen und unterheben.
❖ Backofen auf 180 °C vorheizen.

❖ Den Teig in eine gefettete und mit Mehl ausgestreute Kastenform geben und 50 Minuten backen. Fertigen Kuchen auskühlen lassen und in Scheiben schneiden.

❖ Eine große Glasschüssel mit den Kuchenscheiben auslegen.

❖ Stachelbeeren mit Zucker, Wasser und der restlichen abgeriebenen Zitronenschale aufkochen. So lange gar ziehen lassen, bis die Beeren weich sind. Nicht kochen lassen, da sie sonst platzen. Die warmen Beeren in der Schüssel auf den Kuchenscheiben verteilen.

❖ Mandelpuddingpulver mit etwas Milch anrühren und restliche Milch aufkochen lassen. Angerührtes Puddingpulver zur Milch geben, nochmals aufkochen lassen und über die Stachelbeeren geben. Mandelblättchen aufstreuen.

❖ Sahne steif schlagen und Stachelbeertrifle damit garnieren.

Ob das Gebäck in der Mitte durchgebacken ist, lässt sich mit einer langen (Strick-)Nadel testen. Hängt an dieser kein Teig mehr, kann das Gebäck aus dem Ofen.

Tritt das Problem »außen bereits fertig, innen noch nicht durch« auf, Kuchen mit Backpapier abdecken und noch einige Minuten weiterbacken. Falls es dafür zu spät ist – wenn der Kuchen außen schon zu dunkel ist –, Ofen ausschalten und Kuchen im Backofen lassen. Die Mitte trocknet dann zumindest noch bis zu einem gewissen Grad und der Kuchen ist gleichmäßiger durch. Verringern Sie in diesem Fall die Backtemperatur um etwa 20 °C gegenüber dem ersten Mal, wenn Sie das Rezept das nächste Mal probieren.

Stachelbeerkompott

Für vier Portionen
500 g Stachelbeeren
250 ml Wasser
80 g Vollrohrzucker
etwas Zimt

❖ Beeren waschen und mit einem Messer Stiele und Blüten abschneiden.
❖ Wasser, Zucker und Zimt aufkochen, Beeren zugeben und gar ziehen lassen. Nicht kochen lassen, da sie sonst platzen.

 Das Kompott schmeckt gut zu Vanillepudding.

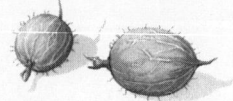

Rezepte mit Himbeeren

Himbeerquarkcreme

Für vier Portionen
125 g Magerquark
125 g Mascarpone
100 ml Milch
2 EL Ahornsirup
250 g Himbeeren
100 ml süße Sahne
2 EL gehackte Pistazien

❖ Quark mit Mascarpone, Milch und Ahornsirup cremig rühren.
❖ Himbeeren – einige zum Dekorieren beiseite legen – unterrühren.
❖ Die Sahne steif schlagen und unterheben.
❖ Creme in eine Glasschüssel füllen, mit den Pistazien bestreuen und die übrigen Himbeeren daraufsetzen.

 Schmeckt gut gekühlt am besten.

Himbeer-Mascarpone-Kuchen

Für eine Springform
Für den Teig:
170 g ungehärtete Margarine
100 g Vollrohrzucker
1 Päckchen Bourbonvanillezucker
1 Ei
3 EL Kakaopulver
350 g Weizenvollkornmehl
½ Päckchen Weinsteinbackpulver
eventuell etwas Milch

Für den Belag:
300 g Himbeeren
3 Eier
75 g Butter
75 g Vollrohrzucker
1 Päckchen Bourbonvanillezucker
400 g Mascarpone
1 Päckchen Vanillepuddingpulver

❖ Für den Teig 150 g Margarine, Zucker, Vanillezucker und das Ei schaumig rühren.
❖ Kakaopulver, Mehl und Backpulver zugeben und einen festen Knetteig bereiten. Wenn dieser zu spröde ist, nach Bedarf etwas Milch hinzufügen. Springform mit der restlichen Margarine ausfetten.
❖ Backofen auf 180 °C vorheizen.
❖ Zwei Drittel des Teiges in die Form drücken und einen kleinen Rand hochziehen. Den Kuchenboden etwa 10 Minuten vorbacken.

- ❖ Vorgebackenen Kuchenboden mit einem Teil der Himbeeren belegen.
- ❖ Eier trennen und Eiweiß zu steifem Eischnee schlagen.
- ❖ Butter, Zucker und Vanillezucker für den Belag miteinander verrühren. Eigelb dazugeben und unterrühren. Den Mascarpone und das Puddingpulver sorgfältig unterrühren. Zuletzt das steif geschlagene Eiweiß und die restlichen Himbeeren unterheben.
- ❖ Die Masse auf den Kuchenboden geben und den restlichen Teig in gezupften Stückchen darüber verteilen.
- ❖ Bei 180 °C etwa 60 Minuten fertig backen.
- ❖ Kuchen zum Abkühlen im Backofen stehen lassen – erst nach einigen Stunden aus der Form nehmen.

Himbeer-Sommertorte

Für eine Springform
Für den Biskuit:
4 Eier
100 g Vollrohrzucker
1 Prise Meersalz
120 g Weizenmehl Type 1050
40 g Speisestärke
etwas Butter oder ungehärtete Margarine für die Springform

Für die Füllung:
200 g Himbeeren
250 ml süße Sahne
100 ml Agavendicksaft

❖ Eier trennen. Die Eigelbe mit der Hälfte des Zuckers schaumig rühren. Eiweiße mit der Prise Salz und der anderen Hälfte des Zuckers steif schlagen und unter die Eigelbmasse heben. Das Mehl mit der Speisestärke darüber sieben und unterziehen.
❖ Backofen auf 180 °C vorheizen.
❖ Den Biskuitteig in eine gefettete Springform füllen und im Backofen auf der zweiten Schiene von unten 25 bis 30 Minuten backen.
❖ Fertigen Biskuit aus der Form nehmen und abkühlen lassen.
❖ Den Biskuitboden möglichst erst am nächsten Tag horizontal einmal durchschneiden. Einen der Böden wieder in die Springform legen. Den Rand der Form innen mit Frischhaltefolie auslegen.
❖ Die Himbeeren zerdrücken – zwölf Himbeeren zur Dekoration beiseite legen.

❖ Die Hälfte der Sahne steif schlagen, mit dem Agavendick-saft und den zerdrückten Himbeeren mischen. In die Spring-form auf den Biskuitboden füllen. Den zweiten Boden aufle-gen und die Torte im Gefriergerät einige Stunden gefrieren.

❖ Die zweite Hälfte der Sahne steif schlagen, die Torte aus der Form nehmen und mit der Sahne verzieren. Auf jedes Torten-stück eine Himbeere setzen.

Himbeertaschen

Für zwölf Himbeertaschen
Für die Taschen:
350 g Weizenmehl Type 1050
150 g Weizenvollkornmehl
1 Päckchen Trockenhefe oder 1 Würfel frische Hefe
60 g milder Honig
125 ml Milch
1 Päckchen Bourbonvanillezucker
1 Prise Meersalz
etwas abgeriebene Zitronenschale
125 g Butter oder ungehärtete Margarine
1 Ei
eventuell etwas Butter oder ungehärtete Margarine
  für das Backblech

Für die Füllung:
300 g Himbeeren
100 g gemahlene Walnüsse
30 g Honig
1 Eigelb zum Bestreichen

❖ Mehl in eine Schüssel geben, in die Mitte eine Vertiefung drücken. Hefe und je 2 EL Honig und Milch in die Mulde geben und mit etwas Mehl einen Vorteig bereiten. Zugedeckt etwa 15 Minuten gehen lassen.
❖ Die weiteren Teigzutaten hinzugeben und alles so lange durchkneten, bis sich der Teig vom Schüsselrand löst. Zugedeckt 30 Minuten gehen lassen.
❖ Teig möglichst ausrollen und mit einem Gefäß Kreise von zehn bis zwölf Zentimeter Durchmesser ausstechen.
❖ Backblech fetten oder mit Backpapier belegen.

❖ Himbeeren zerdrücken und mit den Nüssen und dem Honig vermischen.

❖ Die Masse auf den Teigkreisen verteilen – jeweils mit einem Esslöffel auf die Mitte der Kreise setzen. Die Ränder der Teigkreise mit Eigelb bestreichen, dann jeweils eine Teighälfte über die andere legen. Ränder andrücken, Himbeertaschen aufs Blech legen und nochmals gehen lassen.

❖ Backofen auf 190 °C vorheizen.

❖ Himbeertaschen etwa 20 Minuten backen.

❖ Fertige Taschen vom Blech nehmen und abkühlen lassen.

Himbeeren mit Knusperkruste

Für vier Portionen
300 ml süße Sahne
2 Päckchen Bourbonvanillezucker
300 g Joghurt
500 g tiefgekühlte Himbeeren
100 g grober Vollrohrzucker

❖ Die Sahne mit dem Vanillezucker steif schlagen. Sie sollte richtig fest sein.
❖ Joghurt vorsichtig unterheben.
❖ Die gefrorenen Himbeeren in eine Auflaufform geben, die Sahne-Joghurt-Masse gleichmäßig darauf verteilen und glatt streichen.
❖ Nun die Masse gleichmäßig mit dem Rohrzucker bestreuen und die Form für mindestens 24 Stunden offen (!) in den Kühlschrank stellen. Es ist ganz wichtig, dass man die Form nicht abdeckt, denn nur so kann sich eine knusprige Zuckerschicht bilden.

Sommersalat mit Himbeeren und Tofu

Für vier Portionen
1 Romanasalat
125 g Himbeeren
200 g geräucherter Tofu

Für die Vinaigrette:
3 EL Himbeeressig (siehe Seite 186)
1 EL Himbeer-Johannisbeer-Konfitüre (siehe Seite 182)
Meersalz
frisch gemahlener schwarzer Pfeffer
3 EL Walnussöl oder ein anderes Nussöl

❖ Salat putzen, waschen und in kleine Stücke zerteilen.
❖ Himbeeren verlesen und sehr vorsichtig waschen, wenn nötig.
❖ Tofu in dünne Scheibchen schneiden.
❖ Zutaten für die Vinaigrette miteinander verrühren.
❖ Salat, Himbeeren und Tofu mit der Vinaigrette vermischen.
❖ Vor dem Servieren mindestens 15 Minuten durchziehen lassen.

Rezepte mit Brombeeren

Alle Rezepte mit Brombeeren können auch mit Boysenbeeren, der Kreuzung aus Brombeeren und Himbeeren, zubereitet werden.

Blini mit Brombeerjoghurt

Für zwölf Blini
Für die Blini:
70 g Buchweizenmehl
150 g Weizenvollkornmehl
150 ml lauwarme Milch
1 EL Honig
1 Päckchen Trockenhefe oder 1 Würfel frische Hefe
3 Eier
etwas Meersalz
ungehärtete Margarine zum Ausbacken

Für den Brombeerjoghurt:
etwas frischer Ingwer
500 g griechischer Joghurt (10 % Fett)
2 Päckchen Bourbonvanillezucker
250 g Brombeeren

❖ Buchweizen- und Weizenmehl in eine Schüssel geben. In die Mitte eine Mulde drücken, lauwarme Milch und Honig hineingeben, Hefe darin auflösen. Eier und Salz zugeben und alles mit den Quirlen des Handrührers zu einem zähflüssigen Teig verarbeiten.
❖ Abgedeckt an einem warmen Ort 45 Minuten gehen lassen.
❖ Inzwischen Ingwer schälen und etwa 20 g auf der Küchenreibe fein reiben.

112

❖ Ingwer mit Joghurt und Vanillezucker verrühren, kalt stellen.

❖ Brombeeren verlesen und waschen.

❖ Bliniteig durchrühren. Aus dem Teig nacheinander zwölf Blini backen (Durchmesser etwa sieben Zentimeter). Dazu jeweils etwas Margarine in einer beschichteten Pfanne erhitzen, zwei Esslöffel Teig hineingeben, 1 bis 2 Minuten backen, bis sich der Pfannkuchen vom Pfannenboden löst, wenden und nochmals 1 Minute backen.

❖ Am Tisch Pfannkuchen auf den Teller nehmen und etwas Ingwerjoghurt und Brombeeren daraufgeben.

Brombeergrütze mit Tapioka

Für vier Portionen
500 g Brombeeren
500 ml Brombeersaft
   oder entsaftete Brombeeren mit 40 g Vollrohrzucker
60 g Perltapioka
1 Prise Zimt
1 Prise gemahlene Bourbonvanille

❖ Die Brombeeren verlesen und waschen, wenn nötig.
❖ Den Saft erhitzen und gegebenenfalls den Zucker darin auflösen.
❖ Perltapioka zugeben, aufkochen und bei geringer Energiezufuhr etwa 25 Minuten garen.
❖ Kurz vor Ende der Garzeit die Brombeeren hineingeben und
   mit Zimt und Vanille abschmecken. Die Grütze in Portions-
   schalen füllen und gut kühlen.

Brombeergrütze schmeckt besonders gut mit etwas Schlag-
sahne.

Brombeer-Buttermilch-Muffins

Für zwölf Muffins
150 g Weizenvollkornmehl
40 g grobe Vollkornhaferflocken
½ TL Weinsteinbackpulver
1 Prise Meersalz
etwas abgeriebene Zitronenschale
5 EL Melasse
1 Ei
4 EL Sonnenblumenöl
150 ml Buttermilch
etwas gemahlene Bourbonvanille
200 g Brombeeren
eventuell etwas Sonnenblumenöl für das Muffinblech

❖ Mehl, Haferflocken, Backpulver, Salz und Muskat mischen.
❖ Melasse, Ei, Öl, Buttermilch und Vanille verrühren. Die Mehl-
mischung nach und nach zugeben und alles gut vermen-
gen.
❖ Zum Schluss die verlesenen und gewaschenen Brombeeren
unterheben.
❖ Backofen auf 200 °C vorheizen.
❖ Muffinblech fetten oder mit Papierförmchen bestücken. Den
Teig gleichmäßig in die Vertiefungen füllen und die Muffins
20 bis 25 Minuten backen.
❖ Fertige Muffins aus
den Formen stür-
zen und auf ei-
nem Gitterrost
abkühlen lassen.

Brombeerkuchen mit Schoko-Nuss-Kruste

Für eine Springform
75 g Weizenvollkornmehl
75 g Dinkelvollkornmehl
100 g Butter
1 Ei
50 g Vollrohrzucker
etwas Butter für die Springform
1 Päckchen Vanillepuddingpulver
200 ml Milch
300 g Brombeeren
1 – 2 EL geriebene Schokolade
1 – 2 EL gemahlene Walnüsse oder Mandeln

❖ Weizen- und Dinkelmehl mit der Butter, dem Ei und dem Zucker zu einem Teig verkneten und für etwa 30 Minuten in den Kühlschrank stellen.
❖ Eine Springform fetten.
❖ Den Mürbeteig in die gefettete Springform drücken, einen Rand hochziehen.
❖ Puddingpulver mit etwas Milch anrühren und restliche Milch aufkochen lassen (nicht mehr Milch nehmen, da das Obst noch Flüssigkeit mitbringt). Angerührtes Puddingpulver zur Milch geben, nochmals aufkochen lassen.
❖ Pudding etwas abkühlen lassen und auf dem Teig verteilen.
❖ Backofen auf 175 °C vorheizen.

❖ Brombeeren auf die Puddingcreme geben und mit geriebe-
ner Schokolade sowie gemahlenen Nüssen bestreuen.

❖ Kuchen 45 Minuten backen – am besten zunächst mit Um-
luft, nach gut der Hälfte der Backzeit auf Ober- und Unterhitze umschalten.

❖ Fertigen Kuchen aus der Form nehmen und auf einem Kuchengitter auskühlen lassen.

Brombeer-Zwieback-Kuchen

Für eine Springform
3 Eier
1 Prise Meersalz
4 EL Honig
80 g weiche ungehärtete Margarine
120 g Vollkornzwieback
50 g gemahlene Nüsse
50 g Weizenvollkornmehl
etwas ungehärtete Margarine für die Springform
400 g Brombeeren

- ❖ Eier trennen. Eiweiße mit einer Prise Salz zu Eischnee schlagen.
- ❖ Eigelbe mit Honig schaumig rühren, 70 g weiche Margarine zugeben und glatt rühren.
- ❖ Zwieback fein reiben und ebenfalls zum Eigelbschaum geben. Dann Nüsse und Mehl hinzufügen, alles gut mischen. Zum Schluss den Eischnee unterziehen.
- ❖ Backofen auf 200 °C vorheizen und eine Springform fetten.
- ❖ Die Hälfte des Teigs in die ausgefettete Form füllen, Brombeeren darauf verteilen und mit der zweiten Hälfte des Teigs bedecken.
- ❖ Im Ofen etwa 40 Minuten backen.
- ❖ Fertigen Kuchen aus der Form nehmen und auf einem Kuchengitter auskühlen lassen.

Rezepte mit Erdbeeren

Erdbeer-Hirse-Creme

Für vier Portionen
500 g Erdbeeren
4 EL Honig
100 g Hirse
250 ml Milch (1,5 % Fett)
1 Prise Meersalz
¼ TL Anis
¼ TL gemahlene Bourbonvanille
¼ TL Koriander
60 g gemahlene Haselnüsse
150 ml süße Sahne
etwas Zitronensaft

❖ 450 g Erdbeeren klein schneiden, einige Stunden mit 3 EL Honig durchziehen lassen. Die restlichen Erdbeeren bleiben zur Dekoration zurück.
❖ Hirse in Milch kochen. Mit Salz, Anis, Vanille und Koriander würzen. Masse ausquellen lassen. Gemahlene Haselnüsse zur Hirse geben und kalt stellen.
❖ Sahne steif schlagen, mit 1 EL Honig und etwas Zitronensaft abschmecken, locker unter den fast erkalteten Hirsebrei heben.
❖ Dann die Hirsecreme über die Erdbeeren gießen.
❖ Hirsecreme mit den übrigen Erdbeeren dekorieren.

Eiskalter Erdbeerkefir

Für vier Gläser Erdbeerkefir
500 g Erdbeeren
500 ml Kefir
100 ml Buttermilch
etwas Zitronensaft
3 EL Ahornsirup
150 ml süße Sahne
1 EL Kürbiskerngranulat oder grob gemahlene Kürbiskerne
   zum Bestreuen

❖ Erdbeeren waschen, mit Kefir und Buttermilch pürieren.
❖ Mit Zitronensaft und Ahornsirup abschmecken. Gut küh-
  len.
❖ Sahne steif schlagen und vorsichtig unterziehen.
❖ Erdbeerkefir in breite Gläser füllen und mit den Kürbiskernen
  verzieren.

Erdbeermilch

Für vier Gläser Erdbeermilch
300 g Erdbeeren
600 ml Milch
2 EL Vollrohrzucker

❖ Erdbeeren verlesen, waschen und pürieren.
❖ Milch und Zucker zugeben, mixen.
❖ Gut gekühlt genießen.

 Das Getränk ist schnell und einfach zubereitet und schmeckt hervorragend. Es kann auch mit anderen Beeren abgewandelt werden.

Erdbeerkranz aus Windbeuteln

Für den Teig:
320 ml Wasser
100 g Butter
1 Prise Meersalz
etwas abgeriebene Zitronenschale
250 g Weizenmehl Type 1050
5 Eier

Für die Füllung und Dekoration:
500 g Erdbeeren
1 EL Bourbonvanillezucker
500 ml süße Sahne
120 g Vollrohrzucker

❖ Die Erdbeeren für die Füllung waschen, 16 eher kleine, aber schöne Erdbeeren zurückbehalten, die übrigen Erdbeeren mit dem Vanillezucker pürieren und durchziehen lassen.
❖ Für den Teig das Wasser mit der Butter, dem Salz und der Zitronenschale zum Kochen bringen.
❖ Das Mehl sieben und auf einmal in das heiße Butterwasser einstreuen. So lange rühren, bis sich ein Teigkloß vom Topfboden löst. Den Teig in einer Schüssel etwas abkühlen lassen und nacheinander die Eier unterrühren.
❖ Backofen auf 230 °C vorheizen.
❖ Den Teig in einen Spritzbeutel füllen und 16 Windbeutel kreisförmig mit geringem Abstand zueinander auf ein Backblech spritzen. Die Windbeutel sollen sich beim Aufgehen berühren, um einen Kranz zu bilden.
❖ Im Backofen auf der zweiten Schiene von unten etwa 20 Minuten backen.

❖ Den noch warmen Kranz vorsichtig quer durchschneiden und erkalten lassen.

❖ Die Sahne mit dem Zucker steif schlagen. Sechs Esslöffel Sahne in einen Spritzbeutel füllen, die übrige Sahne mit dem Erdbeerpüree mischen.

❖ Erdbeersahne auf die untere Hälfte des Windbeutelkranzes geben. Oberen Teil nach dem Aufsetzen mit der Sahne aus dem Spritzbeutel und den kleinen Erdbeeren verzieren.

Erdbeerroulade

Für den Biskuit:
4 Eier
2 EL lauwarmes Wasser
80 g Vollrohrzucker
1 Päckchen Bourbonvanillezucker
etwas flüssige Butter oder ungehärtete Margarine
  für das Backblech
etwas Mehl für das Backblech
etwas Meersalz
50 g Weizenvollkornmehl (Kleie ausgesiebt)
50 g Speisestärke

Für die Füllung:
200 g Erdbeeren
2 EL Honig
250 ml süße Sahne
eventuell etwas Puderzucker

❖ Erdbeeren für die Füllung verlesen, waschen, in Stückchen schneiden. Mit dem Honig vermischen und durchziehen lassen.

❖ Für den Biskuitteig Eier trennen. Eigelb, Wasser, 60 g Zucker und Vanillezucker mit dem Handmixer zu einer hellen Creme aufschlagen.

❖ Backblech mit Backpapier belegen, mit flüssigem Fett bepinseln und leicht bemehlen.

❖ Backofen auf 240 °C vorheizen.

❖ Eiweiß mit etwas Salz steif schlagen, 20 g Zucker dazurieseln lassen und weiterschlagen, bis die Masse glänzt. Eischnee lagenweise mit dem gesiebten Mehl und der Speisestärke auf die Eiercreme geben und unterheben.

❖ Biskuitteig etwa einen Zentimeter dick auf das vorbereitete Blech streichen. Backblech in die Mitte des vorgeheizten Backofens schieben und 8 bis 10 Minuten goldbraun backen.

❖ Biskuit mit dem Backpapier auf die Arbeitsfläche gleiten lassen, umdrehen, Backpapier abziehen und Biskuit mit einem feuchten Tuch bedeckt erkalten lassen.

❖ Die Sahne für die Füllung steif schlagen, mit den Erdbeeren vermischen und auf der Biskuitplatte verteilen. Die Platte mit Hilfe eines Küchentuches aufrollen.

❖ Roulade zum Schluss eventuell mit etwas Puderzucker besieben.

Erdbeer-Quarkkuchen

Für eine Springform
Für den Teig:
1 Ei
225 g Weizenvollkornmehl
125 g Butter oder ungehärtete Margarine
75 g Vollrohrzucker
etwas Mehl zum Auswellen
etwas Butter oder ungehärtete Margarine für die Springform

Für den Belag:
250 g Quark
75 g Vollrohrzucker
1 Päckchen Vanillepuddingpulver
etwas abgeriebene Zitronenschale
3 Eier
250 ml süße Sahne
500 g Erdbeeren
1 Päckchen gelatinefreier Tortenguss (mit Apfelpektin,
 aus Naturkostladen oder Reformhaus)

❖ Das Ei für den Teig trennen, Eiweiß für den Belag beiseite stellen.
❖ Das Mehl mit der Butter oder Margarine, dem Zucker und dem Eigelb verkneten. Den Teig in Frischhaltefolie einwickeln und 1 bis 2 Stunden im Kühlschrank ruhen lassen.
❖ Den Teig auf einer bemehlten Fläche auswellen. Springform mit Butter oder Margarine ausstreichen und Backofen auf 200 °C vorheizen.

❖ Boden und Rand der Springform mit dem Teig auslegen, Kuchenboden mehrmals mit einer Gabel einstechen und im Backofen auf der zweiten Schiene von unten etwa 10 Minuten vorbacken.

❖ Den Quark mit dem Zucker, dem Puddingpulver, der Zitronenschale, den Eiern und dem beiseite gestellten Eiweiß gut verrühren. Sahne steif schlagen und unterheben.

❖ Quarkmasse auf den vorgebackenen Kuchenboden geben und etwa 60 Minuten fertig backen. Aus der Form nehmen und abkühlen lassen.

❖ Erdbeeren waschen, abtropfen lassen und halbieren.

❖ Die Quarkfüllung mit den Erdbeeren belegen.

❖ Tortenguss nach Packungsanleitung zubereiten und die Erdbeeren mit dem Guss überziehen.

Polentaschnitten mit Erdbeeren

Für vier Portionen
500 ml Milch
1 Päckchen Bourbonvanillezucker
etwas abgeriebene Zitronenschale
1 Prise Meersalz
120 g Maisgrieß (Polenta)
1 Ei
4 EL gehackte und leicht geröstete Nüsse nach Wahl
2 EL Honig
Kokosfett zum Ausbacken
250 g Erdbeeren
etwas Vollrohrzucker

❖ Milch mit Vanillezucker, abgeriebener Zitronenschale und Salz aufkochen.

❖ Maisgrieß einstreuen und bei geringer Energiezufuhr 20 Minuten garen (Achtung: Polenta brennt leicht an).

❖ Das Ei, 3 EL Nüsse und den Honig unter die Polenta rühren und Polenta auf einer glatten Arbeitsfläche etwa zwei Zentimeter dick ausstreichen.

❖ Eine Stunde auskühlen lassen, in Dreiecke schneiden und diese in heißem Kokosfett goldgelb braten.

❖ Erdbeeren waschen, in Stückchen schneiden und mit etwas Zucker bestreut 30 Minuten durchziehen lassen.

❖ Mit den Polentaschnitten anrichten und mit den restlichen Nüssen bestreuen.

Erdbeerquark

Für vier Portionen
500 g Erdbeeren
500 g Quark
125 ml Milch
5 EL Birnendicksaft oder Ahornsirup

❖ Erdbeeren verlesen, waschen, die eine Hälfte pürieren, die andere Hälfte halbieren.
❖ Quark mit der Milch cremig rühren und leicht süßen.
❖ Erdbeerpüree unter den Quark mischen.
❖ Die halbierten Früchte unterheben oder auf den Fruchtquark setzen.

 Der Quark ist sehr schnell zubereitet, schmeckt als Dessert oder abends zu einem Butterbrot. Er kann mit fast allen anderen Früchten (außer sehr sauren) abgewandelt werden.

Erdbeer-Honig-Eis

Für vier Portionen
500 g Erdbeeren
100 g Akazienhonig
65 ml süße Sahne

❖ Erdbeeren verlesen, waschen und pürieren.
❖ Erdbeerpüree mit dem Honig verrühren.
❖ Sahne steif schlagen, unter das Fruchtmus ziehen und im Gefriergerät gefrieren lassen.
❖ Während des Gefrierens ab und zu durchrühren.

Erdbeerbowle

Für drei Liter Bowle
500 g Erdbeeren
100 g Vollrohrzucker
2 Flaschen Weißwein
  oder 1,5 l kalter Früchtetee
1 Flasche kohlensäurehaltiges Mineralwasser

❖ Erdbeeren verlesen, waschen und gezuckert einige Stunden durchziehen lassen.
❖ Erdbeeren anschließend in ein Bowlegefäß geben und mit Wein oder kaltem Tee und Mineralwasser übergießen.
❖ An einem kühlen Ort durchziehen lassen.

Rezepte mit Heidelbeeren

Heidelbeerkompott

Für vier Portionen
500 g Heidelbeeren
5 EL Apfel- oder Birnensaft
2 EL Birnendicksaft
1 Prise gemahlene Bourbonvanille
1 TL Apfelpektin

❖ Heidelbeeren waschen, zwei Drittel davon mit dem Saft pürieren.
❖ Ganze Früchte zugeben, süßen und mit Vanille abschmecken.
❖ Apfelpektin unterrühren. Durchziehen lassen.

 Heidelbeerkompott schmeckt zum Beispiel gut zu Waffeln.

Heidelbeer-Reis-Dessert

Für vier Portionen
150 g Vollkornreis
50 g Wildreis
1 Prise Meersalz
450 ml Wasser
250 g Heidelbeeren
100 g Vollrohrzucker
125 ml Wasser
2 EL Reismehl
etwas Wasser zum Anrühren des Reismehls
1 EL Zitronensaft

❖ Reis mit der Prise Salz im Wasser 40 Minuten kochen und ausquellen lassen.
❖ Heidelbeeren mit dem Zucker und dem Wasser pürieren.
❖ Reismehl in wenig Wasser anrühren und unter die Heidelbeeren rühren. Das Ganze aufkochen und anschließend köcheln lassen, bis es eingedickt ist.
❖ Zitronensaft und anschließend den gekochten Reis zur Heidelbeercreme geben.

 Das Dessert schmeckt sowohl lauwarm als auch gut gekühlt.

Heidelbeersuppe mit Grießklößchen

Für vier Portionen
Für die Suppe:
1 unbehandelte Zitrone
500 g Heidelbeeren
125 ml Wasser
50 g Vollrohrzucker
etwas Wasser zum Anrühren der Speisestärke
20 g Speisestärke

Für die Grießklößchen:
125 ml Milch
10 g Butter
10 g Vollrohrzucker
15 g Weizenvollkorngrieß
1 Eiweiß
1 Päckchen Bourbonvanillezucker

❖ Schale der Zitrone dünn abschälen und Saft auspressen.
❖ Die Beeren mit dem Wasser und der Zitronenschale zum Kochen bringen, 5 Minuten kochen lassen, Zitronenschale entfernen und die Beeren durch ein Sieb passieren.
❖ Für die Klößchen die Milch mit Butter und Zucker zum Kochen bringen.
❖ Grieß einstreuen und 10 Minuten auf kleiner Flamme quellen lassen. Den dickflüssigen Brei erkalten lassen, dabei mehrmals umrühren.
❖ Eiweiß steif schlagen, Vanillezucker zugeben. Eiweiß unter den Grießbrei heben.
❖ Mit einem Teelöffel kleine Klößchen vom Grießbrei abstechen.

❖ Den vorbereiteten Heidelbeersaft mit Zucker und Zitronensaft zum Kochen bringen. Die mit wenig Wasser angerührte Speisestärke unter Rühren in die Flüssigkeit gießen und nochmals aufkochen lassen.

❖ Heiße Suppe in eine Terrine füllen und die vorbereiteten Grießklößchen darin einige Minuten gar ziehen lassen. Servieren.

Die Grießklößchen passen auch hervorragend zur klassischen Holunderbeersuppe. Kochen Sie hierfür 1 kg sorgfältig geputzte Holunderbeeren in 500 ml Wasser auf und pürieren Sie die Beeren zusammen mit dem Wasser anschließend durch ein feines Sieb zurück in den Topf, um die Kernchen zu entfernen. Geben Sie 100 g Vollrohrzucker, etwas abgeriebene Zitronenschale, 1 TL Zimt und 1 Gewürznelke dazu. Erhitzen Sie die Suppe und geben Sie 20 g Speisestärke, mit etwas Wasser angerührt, dazu. Lassen Sie das Ganze noch einmal aufkochen und entfernen Sie vor dem Servieren die Gewürznelke.

Heidelbeer-Käsekuchen ohne Boden

Für eine Springform
500 g Heidelbeeren
2 Eier
1 Zitrone
750 g Magerquark
125 ml Milch
2 Päckchen Vanillepuddingpulver
1 Päckchen Bourbonvanillezucker
100 g Vollrohrzucker
Butter oder ungehärtete Margarine für die Springform

❖ Heidelbeeren verlesen, waschen und gut abtropfen lassen.
❖ Eier trennen. Zitrone auspressen.
❖ Den Quark mit Milch, Eigelben, Puddingpulver, Vanille-zucker, 75 g Zucker und Zitronensaft gut verrühren.
❖ Die Eiweiße steif schlagen, den restlichen Zucker unterzie-hen und vorsichtig unter die Quarkmasse heben.
❖ Eine Springform ausfetten und Backofen auf 150 °C vorhei-zen.
❖ Die Quarkmasse in die Springform füllen und glatt streichen.
❖ Heidelbeeren auf dem Quark verteilen, etwas eindrücken und etwa 2 Stunden backen.
❖ Fertigen Kuchen aus der Form nehmen und auf einem Ku-chengitter auskühlen lassen.

Heidelbeerkuchen mit Rührteig

Für eine Springform
Für den Kuchenteig:
800 g Heidelbeeren
Butter für die Springform
125 g weiche Butter
125 g Vollrohrzucker
1 Päckchen Bourbonvanillezucker
2 Eier
250 g Dinkelvollkornmehl
1 Päckchen Weinsteinbackpulver

Für die Streusel:
75 g Butter
75 g Vollrohrzucker
75 g Weizenvollkornmehl (Kleie ausgesiebt)

❖ Heidelbeeren verlesen, waschen und gut abtropfen lassen.
❖ Eine Springform ausfetten.
❖ Die Teigzutaten nach und nach zueinandergeben und jeweils gut verrühren.
❖ Diesen Rührteig in die gefettete Springform füllen. Heidelbeeren auf dem Teig verteilen.
❖ Backofen auf 175 °C vorheizen.
❖ Für die Streusel Butter in kleine Stückchen schneiden, mit dem Zucker vermischen und dann das Mehl zugeben. So lange mit den Händen zerkrümeln, bis daraus Streusel geworden sind. Heidelbeeren mit den Streuseln bedecken.
❖ Kuchen etwa 60 Minuten backen.
❖ Fertigen Kuchen aus der Form nehmen und auf einem Kuchengitter auskühlen lassen.

Pfannkuchen mit Heidelbeersauce

Für acht Pfannkuchen
Für die Pfannkuchen:
200 g Dinkelvollkornmehl
etwas Meersalz
250 ml Milch
250 ml kohlensäurehaltiges Mineralwasser
4 Eier
Butter oder ungehärtete Margarine zum Ausbacken

Für die Heidelbeersauce:
300 g Heidelbeeren
3 EL Ahornsirup
1 TL Zimt

❖ Heidelbeeren für die Sauce verlesen, pürieren, mit Ahornsirup und Zimt vermischen. Durchziehen lassen.
❖ Für die Pfannkuchen in einer Schüssel mit einem Schneebesen oder den Quirlen des elektrischen Handrührers aus dem Mehl, der Prise Salz, Milch, Mineralwasser und den Eiern einen glatten Teig anrühren. Den Teig zugedeckt im Kühlschrank eine halbe Stunde quellen lassen.
❖ Butter oder Margarine in der Pfanne schmelzen lassen und nacheinander Pfannkuchen bei mittlerer Hitze backen: Jeweils eine Schöpfkelle Teig in die Pfanne geben, durch Schwenken der Pfanne verteilen und Pfannkuchen nach einigen Minuten wenden.
❖ Heidelbeersauce zu den Pfannkuchen reichen.

Die Heidelbeeren können auch püriert oder nicht püriert zum Pfannkuchenteig gegeben und mitgebacken werden, wodurch die schöne blaue Farbe aber weniger gut zur Geltung kommt. Ahornsirup und Zimt werden dann zu den fertigen Pfannkuchen serviert.

Rezepte mit Preiselbeeren

Preiselbeereis mit Birnendicksaft

Für vier Portionen
200 g Preiselbeeren
1 Zitrone
50 ml Mineralwasser
2 EL Birnendicksaft
1 (frisches!) Eiweiß

❖ Preiselbeeren verlesen, waschen und gut abtropfen lassen.
❖ Zitrone auspressen.
❖ Preiselbeeren pürieren, mit Mineralwasser, Zitronensaft und Birnendicksaft verrühren.
❖ In ein Gefäß füllen und etwa 3 Stunden in das Gefriergerät stellen – währenddessen immer wieder umrühren.
❖ Eiweiß steif schlagen und unterheben.
❖ Eis nochmals im Gefriergerät tiefgefrieren.

Gebackener Camembert mit Preiselbeeren

Für vier Portionen
250 g Preiselbeeren
80 g Vollrohrzucker
4 große Salatblätter
1 Ei
4 kleine Camemberts (je 125 g)
Vollkornsemmelbrösel für die Panade
etwas Butter
4 Scheiben Vollkorntoast

❖ Preiselbeeren verlesen, waschen, pürieren und mit dem Zucker vermischen. Kühl aufbewahren.
❖ Salatblätter waschen und trockenschütteln.
❖ Das Ei verquirlen. Camemberts zunächst von beiden Seiten in das verquirlte Ei tauchen, dann in Semmelbröseln wenden. Camemberts in etwas Butter backen.
❖ Toastscheiben toasten.
❖ Camemberts einzeln mit Salatblatt und Preiselbeeren auf vier Tellern anrichten.
❖ Toast dazureichen.

Buchweizentorte mit Preiselbeeren

Für eine Springform
800 g Preiselbeeren
5 Eier
1 Prise Meersalz
etwas Zitronensaft
1 Päckchen Bourbonvanillezucker
120 g Heidehonig
125 g Buchweizenmehl
50 g Weizenvollkornmehl
1 EL Speisestärke
2 TL Weinsteinbackpulver
600 ml süße Sahne
geraspelte Schokolade zum Verzieren

❖ Preiselbeeren verlesen, waschen, 5 Minuten in heißem Wasser blanchieren und gut abtropfen lassen.

❖ Eier trennen. Eiweiß mit einer Prise Salz und dem Zitronensaft steif schlagen. Nach und nach Eigelbe, Vanillezucker und Honig unterrühren.

❖ Buchweizenmehl, Weizenmehl, Speisestärke und Backpulver mischen, über die Eier-Honig-Creme sieben und unterrühren.

❖ Backofen auf 160 °C vorheizen, Springform mit Backpapier auslegen.

❖ Biskuitteig in die vorbereitete Form füllen und im Backofen auf der zweiten Schiene von unten etwa 30 Minuten backen.

❖ Biskuit in der Form auskühlen lassen, stürzen und das Papier abziehen. Ruhen lassen.

❖ Biskuitboden einmal horizontal durchschneiden – der Boden lässt sich besser durchschneiden, wenn er einige Stunden zuvor gebacken wurde.

❖ Die Hälfte der Sahne steif schlagen; sie sollte richtig fest sein.

❖ Etwa drei Viertel der Preiselbeeren auf dem unteren Boden verteilen, mit der Sahne bedecken. Oberen Boden aufsetzen. Am besten erneut – im Kühlschrank – einige Stunden ruhen lassen, damit die Torte durchziehen kann.

❖ Die zweite Hälfte der Sahne steif schlagen. Torte mit der Sahne »einkleiden«, also seitlich und oben bestreichen. Mit den restlichen Beeren und Schokoraspeln dekorieren.

Rezepte mit Cranberrys

Frische, fruchtig herbe Cranberrys gibt es von September bis Dezember. Man kann sie aber auch hervorragend einfrieren und damit ihren unverwechselbaren Geschmack das ganze Jahr über genießen. Roh sind Cranberrys zwar essbar, schmecken aber nicht besonders lecker.

Küchentipps für Cranberrys

❖ Bevor man Cranberrys kocht, müssen weiche Beeren und Stiele aussortiert werden, dann wäscht man die Beeren unter kaltem Wasser.

❖ Im Kühlschrank können frische Cranberrys bis zu einem Monat aufbewahrt werden.

❖ Cranberrys werden ungewaschen eingefroren. Sie können dann bis zu ein Jahr lang aufbewahrt werden. Für den Gebrauch nicht auftauen, sondern die Cranberrys mit kaltem Wasser abspülen und wie frische Beeren zubereiten.

❖ Cranberrys im Mixer zerkleinern.

Cranberrysauce

200 g Vollrohrzucker
250 ml Wasser
350 g Cranberrys

❖ Zucker und Wasser in einen Topf geben, umrühren, bis sich der Zucker aufgelöst hat, dann aufkochen.
❖ Die gewaschenen Cranberrys hinzufügen und etwa 10 Minuten kochen lassen, bis die Beeren aufplatzen, bei reduzierter Hitze auf die Hälfte einkochen lassen.
❖ Sauce auf Raumtemperatur abkühlen, in ein verschließbares Gefäß füllen und im Kühlschrank verschlossen aufbewahren.

Cranberrysauce hält sich gekühlt und luftdicht verschlossen einige Tage. Die Sauce schmeckt kalt oder vor dem Verzehr wieder erwärmt zu Pfannkuchen ebenso wie als Brotaufstrich oder zu Joghurt und Eis.

Gedeckter Cranberry-Apfel-Kuchen

Für eine Springform
Für den Teig:
500 g Weizenvollkornmehl
180 g weiche Butter oder ungehärtete Margarine
1 Prise Meersalz
150 ml lauwarmes Wasser
1 Ei
3 EL Vollrohrzucker
etwas ungehärtete Margarine für die Springform

Für die Füllung:
400 g Äpfel
250 g Cranberrys
3 EL Ahornsirup oder Honig
1 TL Zimt

❖ Alle Teigzutaten zusammen in eine Schüssel geben und gut verkneten. Wenn der Teig noch klebrig ist, etwas mehr Mehl hinzufügen.
❖ Eine Springform mit etwas Margarine ausfetten.
❖ Den Teig in gut die Hälfte und knapp die Hälfte teilen und beide Teigstücke auswellen – zu einem größeren Kreis für den Kuchenboden und einem kleineren Kreis für den Kuchendeckel in der Größe der Form.
❖ Den größeren Kreis als Boden in die Form legen und einen Rand hochdrücken.
❖ Äpfel schälen, entkernen und in Stückchen schneiden. Cranberrys im Mixer grob hacken.

❖ Backofen auf 200 °C vorheizen.
❖ Beide Obstsorten mit Ahornsirup oder Honig und Zimt vermischen, auf den Kuchenboden geben. Den zweiten Teig-
   kreis als Deckel auf die Füllung setzen. Rand fest andrücken.
❖ Den Kuchen etwa 50 Minuten backen.
❖ Fertigen Kuchen aus der Form nehmen und auf einem Kuchengitter auskühlen lassen.

Cranberrymuffins

Für zwölf Muffins
250 g Cranberrys
120 g Vollrohrzucker
25 g Butter oder ungehärtete Margarine
1 Ei
200 g Weizenvollkornmehl
1 gehäufter TL Weinsteinbackpulver
1 Prise Meersalz
125 ml Milch

❖ Cranberrys im Mixer grob hacken.
❖ Zucker, Butter und Ei in einer Schüssel verrühren, bis die Masse cremig ist.
❖ Dann Mehl, Backpulver, Salz und Milch hinzufügen.
❖ Zum Schluss die gehackten Cranberrys unterheben.
❖ Backofen auf 190 °C vorheizen.
❖ Muffinblech fetten oder mit Papierförmchen bestücken. Teig gleichmäßig mit einem Löffel in die Vertiefungen füllen und Muffins 25 bis 30 Minuten backen.
❖ Fertige Muffins aus den Formen stürzen und auf einem Gitterrost abkühlen lassen.

Cranberrypfannkuchen

Für vier Portionen
200 g Cranberrys
2 Eier
150 g Weizenvollkornmehl
1 Prise Meersalz
125 ml Milch
100 g saure Sahne
40 g Butter oder ungehärtete Margarine
Ahornsirup

❖ Cranberrys waschen und abtropfen lassen. Wenn Sie tiefgefrorene Cranberrys verwenden, diese auftauen lassen. Eier trennen.

❖ Aus Mehl, Salz, Milch, saurer Sahne und Eigelb mit einem Schneebesen einen glatten Teig rühren.

❖ Die Hälfte der Butter oder Margarine schmelzen, leicht abkühlen lassen und unter den Teig rühren. Eiweiß steif schlagen und den Eischnee locker unter den Teig heben.

❖ In einer beschichteten Pfanne portionsweise die restliche Butter oder Margarine erhitzen und nacheinander kleine Eierpfannkuchen backen: Auf jede Teigportion in der Pfanne jeweils einen Löffel Cranberrys geben. Unterseiten so lange backen, bis sie leicht gebräunt sind. Dann die Eierpfannkuchen mit einem Pfannenwender umdrehen und auf den anderen Seiten fertig backen.

❖ Die fertigen Pfannkuchen nach Geschmack mit Ahornsirup beträufeln.

Die Pfannkuchen können auch ohne Beeren gebacken werden und stattdessen mit Cranberrysauce serviert werden (siehe Seite 145).

Frischkäsetarte mit Cranberrys

Für eine Tarteform oder vier kleine Tarteletteförmchen
Für den Teig:
180 g Butter
200 g Weizenvollkornmehl
1 Prise Meersalz
3 – 4 EL Wasser
etwas Mehl zum Auswellen des Teiges

Für den Belag:
250 g Cranberrys
100 ml Apfelsaft
etwas gemahlener Kardamom
etwas gemahlener Koriander
½ Bund frischer Thymian oder Menge nach Geschmack
1 Ei
200 g Frischkäse
Meersalz
frisch gemahlener schwarzer Pfeffer
Butter für die Tarteform oder die Tarteletteförmchen

❖ Für den Teig Butter in kleine Stücke schneiden. Mehl, Salz und Wasser hinzufügen, zu einem Teig verkneten und 30 Minuten im Kühlschrank ruhen lassen.

❖ Cranberrys für den Belag halbieren, mit Apfelsaft und den gemahlenen Gewürzen nach Geschmack in einem Topf mischen.

❖ Aufkochen und unter Rühren einkochen lassen – es sollte eine sirupartige Masse entstehen. Abkühlen lassen.

❖ Thymian waschen, trockenschütteln und Blättchen abzupfen. Die Hälfte davon mit dem Ei und dem Frischkäse verrühren. Mit Salz und Pfeffer abschmecken.

❖ Eine Tarteform oder vier kleine Tarteletteförmchen ausfetten.

❖ Backofen auf 200 °C vorheizen.

❖ Teig auf einer mit Mehl bestäubten Arbeitsfläche ausreichend groß für die Form(en) auswellen, in die gefettete Tarteform oder die vier Förmchen geben und einen Rand (Ränder) hochdrücken.

❖ Erst die Cranberrymischung, dann die Frischkäsemischung auf dem Teig verteilen. Überstehenden Teig nach innen klappen.

❖ Im Backofen auf der unteren Schiene 20 bis 30 Minuten backen.

❖ Vor dem Servieren mit dem restlichen Thymian bestreuen.

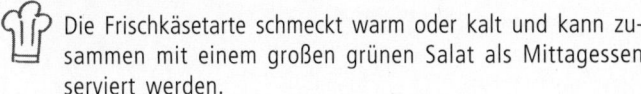

Die Frischkäsetarte schmeckt warm oder kalt und kann zusammen mit einem großen grünen Salat als Mittagessen serviert werden.

151

Süßes Cranberry-Walnuss-Brot

Für eine Kastenform
1 Ei
100 g Butter
50 ml Milch
100 g Honig
50 g gemahlene Walnüsse
240 g Weizenvollkornmehl
1 Päckchen Weinsteinbackpulver
1 Prise Meersalz
150 g Cranberrys
etwas Butter für die Kastenform

❖ Das Ei verquirlen. Butter schmelzen.
❖ Ei mit Milch, der zerlassenen Butter, dem Honig und den Nüssen mischen.
❖ Mehl, Backpulver und die Prise Salz hinzufügen.
❖ Cranberrys einrühren.
❖ Backofen auf 190 °C vorheizen und eine Kastenform aus-fetten.
❖ Die Mischung in die gefettete Backform geben, 30 Minuten backen, dann den Ofen ausschalten und das Brot 25 bis 30 Minuten im Ofen trocknen lassen.
❖ Einige Minuten in der Form abkühlen lassen, dann aus der Form stürzen.

Cranberryplätzchen

Für etwa vierzig Plätzchen
150 g Cranberrys
100 g Butter
100 g Honig
1 Ei
150 g Weizenvollkornmehl (Kleie ausgesiebt)
50 ml Milch
1 TL Zimt
1 TL Weinsteinbackpulver
100 g gehackte Walnüsse

❖ Cranberrys waschen, abtropfen lassen und halbieren.
❖ Die Butter schmelzen und in eine Backschüssel geben.
❖ Alle anderen Zutaten außer den Cranberrys hinzufügen und zu einem Teig verarbeiten – dabei gründlich mit einem Handmixer durchmischen, bis eine homogene Masse entstanden ist.
❖ Die vorbereiteten Cranberrys bei niedriger Rührgeschwindigkeit zum Schluss hinzufügen.
❖ Backofen auf 190 °C vorheizen.
❖ Backblech mit Backpapier belegen und die Teigmischung teelöffelweise auf das Backblech geben.
❖ Plätzchen etwa 10 Minuten backen.

Rezepte mit Holunder

Gebackene Holunderblüten

12 kleine bis mittelgroße Holunderblütendolden

Für den Teig:
2 Eier
200 g Weizenvollkornmehl
6 EL Sonnenblumenöl
500 ml kohlensäurehaltiges
*   Mineralwasser*
1 Prise Meersalz
1 EL Vollrohrzucker
1 TL Zimt

❖ Blütendolden sehr vorsichtig – wenn nötig – waschen, Doldenstiele ganz kurz abschneiden und die Dolden in einem
Sieb gut abtropfen lassen.

❖ Eier trennen, Eiweiß zu Eischnee schlagen und zur Seite
stellen.

❖ Aus dem Eigelb, Mehl, 2 EL Öl, dem Mineralwasser und
Salz einen Teig rühren. Eischnee zum Schluss unterheben.

❖ In einer Pfanne jeweils 1 EL Öl erhitzen, jeweils drei Dolden einzeln in den Teig tauchen und gleichzeitig im heißen
Fett goldbraun backen.

❖ Pfannkuchen auf Küchenkrepp abtropfen lassen und vor dem
Servieren mit Zucker und Zimt bestreuen (Doldenstiele nicht
mitessen – dies kann zu Übelkeit führen, siehe Seite 71).

 Sie können die Blüten auch von den Stielen zupfen, aus dem
Teig kleine Pfannkuchen backen und die Blüten beim Backen
auf den Teig geben.

Holunderbeersaft

Wer den ganzen Winter über Holunderbeerpunsch – auch gut gegen Grippe und Husten – genießen möchte oder ab und an Holunderbeersuppe zubereiteten möchte, kann die Beeren einfrieren oder einen haltbaren Saft herstellen.
Die Beeren müssen für den Saft wie für die Suppe vorbereitet werden (siehe Seite 135).

Holunderbeeren
500 ml Wasser pro 1 kg Beeren
150 g Vollrohrzucker pro 1 l Saft

❖ Die Beeren sorgfältig verlesen. Unreife Beeren, Blätter und Stiele entfernen (siehe Seite 71).
❖ Holunderbeeren mit der abgemessenen Menge Wasser aufkochen und anschließend mit dem Wasser durch ein feines Sieb zurück in den Topf pürieren, um die Kerne zu entfernen.
❖ Pro Liter Saft die angegebene Menge Zucker abmessen.
❖ Saft und Zucker zusammen 5 Minuten kochen lassen, heiß in Flaschen füllen und verschließen (siehe auch Seite 173).

Holunderbeerpunsch

Für vier Gläser Punsch
1 l Holunderbeersaft (siehe Seite 155)
½ TL Zimt
1 Gewürznelke
1 unbehandelte Zitrone
200 ml Traubensaft

❖ Den Holundersaft mit den Gewürzen stark erhitzen, aber nicht kochen.
❖ 10 Minuten ziehen lassen, dann die Gewürznelke entfernen.
❖ Zitrone in Scheiben schneiden, in jedes Teeglas eine Scheibe Zitrone und 50 ml Traubensaft geben.
❖ Mit dem gewürzten Holunderbeersaft aufgießen.

Rezepte mit Sanddornbeeren

Sanddorn-Quark-Dessert

Für vier Portionen
250 g Quark
60 ml Milch
5 – 6 EL Sanddornsaft (siehe Seite 158) oder Sanddornsirup
2 EL Honig bei ungesüßtem Sanddornsaft
oder Sanddorn-Vollfruchtsaft
1 Päckchen Bourbonvanillezucker
2 EL gerösteter Sesam oder Leinsamenkrokant

❖ Quark mit Milch glatt rühren.
❖ Sanddornsaft, gegebenenfalls Honig sowie Vanillezucker zum
   Quark geben.
❖ In Portionsschälchen füllen und mit Sesam oder Leinsamen-
   krokant bestreuen.

Sanddornsaft erhalten Sie in mehreren Varianten – gesüßt
und ungesüßt – fertig im Naturkostladen oder Reformhaus.
Für Sanddorn-Vollfruchtsaft werden die ganzen Beeren gepresst.
Der dickflüssige Saft enthält somit alle wertvollen Inhaltsstoffe der
Beeren.

Sanddornsaft

Wer eigenen Sanddorn konservieren möchte, kann die Beeren einfrieren oder einen haltbaren Saft herstellen.

Sanddornbeeren
eventuell etwas Wasser
500 g Vollrohrzucker pro 1 l Saft

❖ Die Sanddornbeeren vorsichtig waschen und gründlich abtropfen lassen.
❖ Dann bei milder Hitze im eigenen Saft garen – wenn sie zu trocken sind, etwas Wasser hinzufügen. Anschließend pürieren – sie zerfallen oft auch von selbst schon beim Garen.
❖ Die weichen Beeren durch ein feines Haarsieb streichen, um die Kerne zu entfernen.
❖ Pro Liter Saft die angegebene Menge Zucker abmessen.
❖ Saft und Zucker zusammen 5 Minuten kochen lassen, heiß in Flaschen füllen und verschließen (siehe auch Seite 173).

Bei der Verarbeitung sollte daran gedacht werden, dass das Vitamin C der Sanddornbeeren gegenüber Metallen sowie Sauerstoff und höheren Temperaturen empfindlich ist und durch die Verarbeitung zerstört werden kann. Deshalb ist es vorteilhaft, wenn sämtliche Werkzeuge und Geräte, die mit der Frucht in Berührung kommen, aus rostfreiem Stahl oder Steingut sind. Auch Email ist möglich, wenn es ohne Beschädigung ist.

Bratäpfel mit Sanddornfüllung

Für vier Bratäpfel
4 Äpfel
Butter oder ungehärtete Margarine für die Auflaufform
100 g Quark
2 EL Sanddornsaft (siehe Seite 158) oder Sanddornsirup
1 EL fester Honig
1 Päckchen Bourbonvanillezucker
1 EL Vollkornhaferflocken

❖ Äpfel waschen und Kerngehäuse ausstechen.
❖ Äpfel in eine gefettete Auflaufform setzen.
❖ Backofen auf 200 °C vorheizen.
❖ Quark mit Sanddornsaft, Honig, Vanillezucker und Haferflocken verrühren, in die Äpfel füllen.
❖ Äpfel etwa 20 Minuten im Backofen garen – dicke Äpfel etwas länger.

Sanddorngugelhupf mit Marzipan

Für eine Gugelhupfform
125 g Mandelblättchen oder -stifte
250 g Butter
150 g Honig
2 Päckchen Bourbonvanillezucker
8 EL Sanddornsaft (siehe Seite 158) oder Sanddornsirup
250 g Marzipanrohmasse
1 Prise Meersalz
5 Eier
1 Päckchen Weinsteinbackpulver
400 g Weizenvollkornmehl
eventuell etwas Milch
Butter für die Gugelhupfform

❖ Mandeln ohne Fett leicht anrösten.
❖ Butter, Honig, Vanillezucker, 4 EL Sanddornsaft, die zerbröckelte Marzipanrohmasse und die Prise Salz mit dem Handmixer cremig rühren.
❖ Eier nach und nach hinzufügen und unterrühren.
❖ Backpulver mit Mehl mischen und zusammen mit den gerösteten Mandeln zum Teig geben. Alles gut verrühren. Wenn der Teig zu fest ist, etwas Milch nach Bedarf zugeben.
❖ Backofen auf 190 °C vorheizen und eine Gugelhupfform ausfetten.
❖ Teig in die gefettete Gugelhupfform füllen. Im Backofen etwa 50 Minuten backen.
❖ Den fertigen Kuchen aus der Form nehmen und noch warm mit weiteren 4 EL Sanddornsaft tränken.

Sahnemilchreis mit Sanddorn

Für vier Portionen
400 ml Milch
1 Prise
  Meersalz
120 g Vollkorn-
  rundkornreis
1 unbehandelte
  Orange
100 ml süße
  Sahne
3 EL Honig
1 EL Mandel-
  splitter oder
  gehackte Nüsse nach Wahl
8 EL Sanddornsaft (siehe Seite 158) oder Sanddornsirup

- ❖ Milch mit Salz zum Kochen bringen und den Rundkornreis hineingeben. Bei geringer Energiezufuhr und geschlossenem Deckel etwa 45 Minuten garen und ausquellen lassen.
- ❖ Schale der Orange abreiben, Orange halbieren, vier Scheiben für die Dekoration abschneiden, Rest auspressen.
- ❖ Sahne steif schlagen.
- ❖ Honig mit Mandeln oder Nüssen und etwas abgeriebener Orangenschale zum Reis geben. Sahne unterziehen.
- ❖ Reis in mit kaltem Wasser ausgespülte Portionsschälchen füllen und kühl stellen.
- ❖ Orangensaft mit Sanddornsaft verrühren, auf Teller verteilen und die Reisportionen auf diese Saftspiegel stürzen.
- ❖ Jeweils mit einer Orangenscheibe dekorieren.

Rezepte mit gemischten Beeren

Himbeer-Johannisbeer-Grütze

Für vier Portionen
250 g rote Johannisbeeren
250 g Himbeeren
80 g Vollrohrzucker
500 ml Wasser
50 g Maismehl
125 ml süße Sahne

❖ Beeren verlesen, waschen und mit Zucker und Wasser zum
  Kochen bringen.
❖ Maismehl zugeben, aufkochen lassen und das Dessert in
  einer Schüssel gut kühlen.
❖ Dazu flüssige Sahne reichen.

 Wer die Kernchen der Beeren nicht mag, streicht die Früchte nach dem ersten Aufkochen durch ein Sieb und verfährt
dann weiter wie beschrieben.

Anstelle des Maismehls können Sie zum Andicken der Grütze auch Tapioka verwenden. Tapioka wird aus den Wurzel-
knollen der Maniokpflanze gewonnen und auch als Sago bezeichnet. Bringen Sie für eine Beerengrütze mit Tapioka 400 ml Wasser
oder eine Mischung aus 200 ml Wasser und 200 ml Apfelsaft zum
Kochen und streuen Sie dann 50 g Perltapioka in die Flüssigkeit.
Lassen Sie das Ganze 10 Minuten bei geringer Energiezufuhr köcheln. Geben Sie anschließend 500 g geputzte Beeren und 80 g
Vollrohrzucker dazu und lassen Sie die Grütze weitere 10 Minuten
bei schwacher Hitze köcheln, bis die Tapioka ausgequollen ist.

Beerengrütze variieren

Die Grütze kann mit allerlei Beerenmischungen oder Kombinationen mit anderen Früchten abgewandelt werden. Die Zuckermenge kann dabei bei sauren Früchten (wie der Kombination aus Johannisbeeren und Stachelbeeren) bis auf 150 g gesteigert werden.

Bewährte Kombinationen:

❖ 200 g Himbeeren, 150 g rote Johannisbeeren,
   150 g schwarze Johannisbeeren
❖ 150 g Himbeeren, 200 g rote Johannisbeeren,
   150 g Sauerkirschen
❖ 200 g Himbeeren, 150 g rote Johannisbeeren,
   150 g Preiselbeeren
❖ 150 g Himbeeren, 200 g rote Johannisbeeren,
   150 g Brombeeren
❖ 200 g Himbeeren, 150 g rote Johannisbeeren,
   150 g Stachelbeeren
❖ 250 g Stachelbeeren, 250 g Kiwi

Je nach Mischung ändert sich die Farbe. Während die meisten Grützen rot sind, ergibt der letzte Vorschlag eine grüne Grütze. Schwarze Johannisbeeren und Brombeeren färben die Grütze ins Violette.

Palatschinken mit Beeren

Für vier Palatschinken
400 g Beeren nach Belieben (wie Himbeeren, Brombeeren,
Johannisbeeren, Heidelbeeren, Erdbeeren)
2 EL Butter
2 EL Honig
4 Eier
1 Prise Meersalz
60 g Weizenvollkornmehl
etwas Milch
ungehärtete Margarine zum Braten

❖ Die Beeren waschen, putzen und gegebenenfalls in Stücke
  schneiden.
❖ Butter in einer Pfanne erhitzen, Beeren und Honig hinein-
  geben, bei mittlerer Hitze 3 Minuten darin ziehen lassen,
  aus der Pfanne nehmen und warm stellen.
❖ Eier mit dem Schneebesen verquirlen.
❖ Salz, Mehl und etwas Milch zu den Eiern geben, nochmals
  kräftig verquirlen.
❖ Etwas Margarine in der Pfanne schmelzen, ein Viertel des
  Teiges hineingeben, auf einer Seite goldbraun braten, wenden.
❖ Ein Viertel der Beeren in die Mitte des Pfannkuchens geben, die beiden freien Seiten übereinanderklappen.
❖ Pfannkuchen warm stellen und drei weitere Palatschinken
  aus dem restlichen Teig und den restlichen Beeren backen.

Grießschnitten mit Beerenmix

Für vier Portionen
Für die Schnitten:
375 ml Milch
25 g Vollrohrzucker
100 g Weizenvollkorngrieß
25 g gemahlene Mandeln

Für den Belag:
250 g gemischte Beeren (wie Erdbeeren, Himbeeren,
  Johannisbeeren, Heidelbeeren)
180 g Joghurt
1 EL milder Honig

❖ Milch mit dem Zucker aufkochen, Grieß unter Rühren hinzufügen, in knapp 10 Minuten zu einem Brei kochen und Mandeln unterrühren.
❖ Masse auf einem kalt abgespülten Kuchenblech oder in einer Auflaufform etwa zwei Zentimeter dick ausstreichen. Erkalten lassen.
❖ Anschließend in Stücke schneiden.
❖ Beeren waschen – wenn nötig – und abtropfen lassen.
❖ Joghurt mit dem Honig verrühren und auf die Schnitten streichen.
❖ Beeren darauf verteilen.

Sonnentorte

Für eine Springform
Für den Teig:
100 g Sonnenblumenkerne
4 Eier
5 EL warmes Wasser
100 g Vollrohrzucker
1 Prise Meersalz
75 g Weizenvollkornmehl
1 TL Weinsteinbackpulver
Butter oder ungehärtete Margarine für die Springform

Für die Füllung:
500 g gemischte Beeren (wie Himbeeren, Brombeeren,
*   Johannisbeeren, Heidelbeeren, Erdbeeren)*
250 g Mascarpone
2 – 3 EL Milch
etwas Zitronensaft
1 Päckchen gelatinefreier Tortenguss (mit Apfelpektin,
*   aus dem Naturkostladen oder Reformhaus)*

❖ Die Sonnenblumenkerne mahlen.
❖ Eier trennen und Eiweiß zu Eischnee schlagen.
❖ Eigelb, Wasser, Zucker und Salz schaumig schlagen.
❖ Eischnee auf die Eigelbcreme geben und Mehl sowie Backpulver darübersieben. Vorsichtig unterrühren. Zuletzt die gemahlenen Sonnenblumenkerne unterheben.
❖ Eine Springform fetten und den Backofen auf 225 °C vorheizen.
❖ Teig in die Springform geben und im Backofen 10 Minuten backen.

❖ Gut auskühlen lassen, dann quer durchschneiden, sodass zwei Kuchenböden entstehen. Alternativ zwei Springformen fetten, Teig darin verteilen und zwei separate Kuchenböden backen.

❖ Für die Füllung Beeren verlesen, waschen und abtropfen lassen.

❖ Mascarpone mit Milch und Zitronensaft streichfähig rühren.

❖ Creme auf den unteren Kuchenboden geben und verteilen. Beeren darauf verteilen.

❖ Zweiten Kuchenboden aufsetzen.

❖ Tortenguss nach Packungsanleitung kochen und den Kuchen damit überziehen.

Statt fertigen Tortenguss zu verwenden, können Sie 10 g Apfelpektin mit 250 ml Obstsaft zum Kochen bringen, etwas köcheln lassen und die Torte mit dem eingedickten Saft überziehen.

Beerenkuchen mit klarem Guss

Für eine Obstkuchenform
75 g Butter oder ungehärtete Margarine
65 g Honig
2 Eier
100 g Weizenvollkornmehl
1 TL Weinsteinbackpulver
500 g Beeren nach Belieben (wie Erdbeeren, Himbeeren,
Brombeeren, Johannisbeeren, Stachelbeeren)
1 Päckchen gelatinefreier Tortenguss (mit Apfelpektin,
aus Naturkostladen oder Reformhaus)

❖ 65 g Butter oder Margarine cremig rühren.
❖ Honig hinzufügen und unterrühren.
❖ Eier zugeben. Mehl und Backpulver in die Masse geben und alles zu einem Rührteig verarbeiten.
❖ Backofen auf 170 °C vorheizen und eine Obstkuchenform sorgfältig mit der restlichen Butter oder Margarine ausstreichen.
❖ Den Teig in die Obstkuchenform füllen, glatt streichen und 15 bis 20 Minuten backen.

- ❖ Fertigen Kuchenboden aus der Form nehmen und abkühlen lassen.
- ❖ Kuchenboden mit Obst belegen.
- ❖ Tortenguss nach Packungsanleitung zubereiten und den Kuchen mit dem Guss überziehen.

Bei saurem Obst wie Johannisbeeren und Stachelbeeren – diese Beeren sollten Sie außerdem kurz aufkochen, damit sie etwas weicher werden (siehe Seite 102) – schmeckt der Kuchenboden auch für Süßschnäbel wunderbar, wenn Sie zunächst einen Vanillepudding kochen und diesen auf dem Kuchenboden verteilen. Darauf geben Sie das Obst und überziehen es anschließend mit dem Guss.

Beereneis

Für vier Portionen
*250 g Brombeeren, Himbeeren, Boysenbeeren oder
    Erdbeeren (auch gemischt)*
4 EL Honig
500 ml süße Sahne

❖ Beeren pürieren, durch ein feines Sieb streichen und mit
  dem Honig verrühren.
❖ Sahne mit dem Handrührer unter das Beerenpüree schlagen.
❖ Die Masse in eine Metallschale füllen und für 2 Stunden in
  das Gefriergerät stellen.

Gefüllte Vorratskammern

Seit es Gefriertruhen und -schränke gibt, ist das Einfrieren die einfachste und obstschonendste Methode, Früchte übers Jahr aufzubewahren. Egal ob es nur die sind, die im Sommer zu viel für den Frischverzehr sind oder gezielt ein Vorrat angelegt wird – aus den aufgetauten Früchten lässt sich im Handumdrehen ein Obstquark oder ein Kuchen zubereiten.

Im Kälteschlaf

❖ Für die Tiefkühltruhe oder den Gefrierschrank eignen sich Himbeeren, Brombeeren, Johannisbeeren, Heidelbeeren oder Cranberrys besser als zum Beispiel Erdbeeren, da Erdbeeren nach dem Auftauen sehr weich werden.

❖ Damit es keine eingefrorenen Klumpen gibt, die Beeren zuerst einzeln, einschichtig in Gefriergefäßen einfrieren. Dann erst in eine Gefriertüte oder in ein anderes Gefriergefäß aufeinander liegend einfüllen.

❖ Die Früchte können bis zu ein Jahr lang im Eisfach bleiben.

Beerenkompott

Wer Einkochgläser besitzt, kann Beeren auch darin einkochen und auf diese Art aufbewahren. Gläser und Deckel heiß ausspülen, Gummiringe sterilisieren – in verdünntem Essigwasser auskochen. Saftreiche Obstsorten wie Erdbeeren oder Himbeeren direkt mit dem Einmachzucker schichtweise in die Gläser füllen. Für härtere Sorten wie Stachelbeeren oder Johannisbeeren eine Zuckerlösung aus Zucker und Wasser herstellen und diese auf die eingeschichteten Früchte gießen.

Grundrezept zum Einkochen von Beeren

2 kg Beeren
1 l Wasser
600 g Zucker

❖ Für härtere Beeren wie Johannisbeeren oder Stachelbeeren aus Wasser und Zucker einen Zuckersirup herstellen. Beeren in die Gläser füllen und mit Zuckersirup aufgießen. Der Zuckersirup muss alle Beeren bedecken und die Gläser müssen ganz gefüllt sein.

❖ Weichere Beeren wie Himbeeren oder Erdbeeren lagenweise mit Zucker in die Gläser schichten und mit Wasser nach Bedarf auffüllen. Auch diese Gläser müssen gefüllt sein.

Beeren lassen sich auch ohne Zucker einkochen. Da hierbei aber der konservierende Zucker fehlt, muss dabei besonders auf saubere Gläser geachtet werden.

Wichtig für ein gelungenes Ergebnis ist das Herstellen eines Vakuums. Es verhindert das Eindringen und Wachsen von verderbenden Mikroorganismen, allen voran Schimmelpilzen.

Beim Einkochen im Einkochtopf werden die gefüllten Einmachgläser nach genauen Zeit- und Temperaturangaben des Herstellers im Topf erhitzt: 75 bis 90 °C, 25 bis 30 Minuten. Die Gläser dürfen weder die Wand des Topfes berühren noch ein anderes Glas.

Beim Einkochen im Backofen werden die gefüllten Gläser unten im Ofen in die Backofenpfanne (Fettpfanne) gestellt, die etwa einen Zentimeter hoch mit Wasser gefüllt ist. Dann wird alles nach genauen Temperatur- und Zeitvorgaben erhitzt. Meist sind es zwischen 150 und 180 °C Ober- und Unterhitze bei einer Zeitspanne von 25 bis 35 Minuten. Im Heißluftbackofen stellt man die Temperatur normalerweise auf 150 bis 160 °C ein. Die Einkochzeit ist kürzer als bei einem Ofen mit Ober- und Unterhitze. Beim Einkochen im Backofen müssen Sie sich genau an die Angaben des Geräteherstellers halten!

Saft und Sirup

Grundsätzlich wird zwischen Kaltentsaften und Heißentsaften unterschieden. Bei beiden Verfahren müssen die Früchte vorbereitend gewaschen und faulige Beeren aussortiert werden. Entstielen ist vor allem nötig, wenn die Früchte für das Dampfentsaften (Heißentsaften) vorbereitet werden. Weil hier nicht gepresst, sondern extrahiert wird, würden aus Stielen und Blättern unerwünschte Geschmacksstoffe in den Saft übergehen.

Kaltentsaften: Saftzentrifugen sind im Handel sowohl als Einzelapparate als auch als Zusatzgeräte zu vielen Küchenmaschinen erhältlich. Sie arbeiten nach dem Prinzip der Zentrifugal- oder Fliehkraft. Im unteren Teil einer elektrischen Saftzentrifuge ist der Motor untergebracht, der eine sehr hohe Umdrehungszahl hat. Im oberen Teil befinden sich eine Zerreißscheibe und ein Siebkorb (Trommel). Die Früchte werden in einen Schacht gefüllt und mit einem Stößel gegen die umlaufende Scheibe gedrückt. Dabei werden sie zerkleinert und durch die Fliehkraft nach außen geschleudert. Die festen Bestandteile bleiben in der Trommel hängen und der Saft läuft durch die Löcher ab.

Heißentsaften: Ein Verfahren zum Heißentsaften aus Urgroßmutters Zeiten funktioniert ohne Gerät: Man dreht einen Küchenhocker mit der Sitzfläche nach unten, bindet ein grobmaschiges, sauberes Baumwoll- oder Leinentuch mit den vier Enden an je einem Stuhlbein an und stellt eine große Schüssel darunter. Dann gießt man die mit Wasser aufgekochten Früchte in die entstandene Mulde des Seihtuches. Durch zusätzliches Pressen von Hand erhält man eine größere Saftausbeute.

Wer häufiger Saft zubereitet, legt sich besser einen Dampfentsafter zu. Er besteht aus einem Saftbehälter und einem Fruchtkorb, die in einen Einkochtopf eingehängt oder auf einen passenden Wassertopf gesetzt werden. Moderne Geräte haben einen Tragbügel und einen Gießschnabel, wodurch das Heißeinfüllen in Flaschen sehr erleichtert wird. Das Hantieren mit Schöpfkelle und Trichter entfällt. Das Funktionsprinzip ist so, dass im untersten Topf – dem Wassertopf oder dem Einkochtopf – Wasser zum Sieden gebracht wird. Der entstehende Dampf steigt nach oben. Er dringt durch das Dampfrohr des Fruchtkorbes in den Fruchtkorb und bringt die Zellen der Früchte zum Platzen, sodass diesen der Saft entzogen wird, der dann im Saftauffangtopf gesammelt wird. Die Entsaftungszeit beträgt vom Siedepunkt an gerechnet in der Regel 25 bis 45 Minuten. Im Einzelfall müssen die Angaben des Geräteherstellers beachtet werden.

Soll der durch Kaltentsaften oder mit Hilfe eines Seihtuches gewonnene Saft aufbewahrt werden, muss er in jedem Fall so schnell wie möglich haltbar gemacht werden. Sonst beginnt er bald zu gären. Die Haltbarmachung erfolgt bei Fruchtsäften meistens durch Pasteurisieren. Benannt wurde dieses Verfahren nach dem französischen Forscher Louis Pasteur. Für das Pasteurisieren von Fruchtsäften im Haushalt gilt: Man erhitzt den Saft so schnell wie möglich auf etwa 72 °C, wodurch die in ihm enthaltenen lebensfähigen Mikroorganismen in etwa 20 Minuten abgetötet werden. Bei der Heißentsaftung mit Hilfe eines Dampfentsafters ist eine nochmalige Erhitzung und Pasteurisierung normalerweise nicht notwendig, weil der gewonnene Saft während des Entsaftens im Saftauffangbehälter knapp unter Siedetemperatur gehalten wird und Mikroorganismen auf diese Art abgetötet werden.

Der weitere Erfolg hängt davon ab, dass der Saft danach nicht wieder mit Mikroorganismen in Berührung kommt. Saftflaschen müssen sorgfältig gereinigt werden, was bei engen

Flaschenhälsen unter Haushaltsbedingungen schwierig ist. Im Handel gibt es deshalb spezielle Rundrandsaftflaschen mit weiter Mündung, Glasdeckel, Gummiring und Klammer. Sie sind sowohl beim Heißeinfüllen als auch beim Erhitzen in den Flaschen gut zu handhaben. Jedoch will ihre Anschaffung überlegt sein, damit sie nicht zu Staubfängern im Kellerregal werden. Als Verschlüsse eignen sich neben den erwähnten Glasdeckeln Gummikappen, die kurz vor dem Gebrauch in kochendem Wasser entkeimt werden.

Beim Heißeinfüllen des Saftes aus dem Dampfentsafter müssen die Flaschen nicht nur gereinigt, sondern auch vorgewärmt werden, damit sie nicht platzen. Nach dem Einfüllen des Saftes werden sie mit Gummikappen verschlossen. Mit Gummikappen verschlossene Flaschen müssen stehend aufbewahrt werden. Bleibt die Kappe auch in den nächsten Tagen leicht eingezogen, ist alles in Ordnung. Wölbt sie sich dagegen auf, so zeigt dies eine beginnende Gärung an.

Alternativ kann der Saft kalt (wenn er zum Beispiel mit Hilfe eines Seihtuches oder durch Kaltentsaften in einer Saftzentrifuge gewonnen wurde) in vollkommen saubere Flaschen eingefüllt und anschließend sterilisiert werden. Dabei wird zwischen dem Offen- und dem Geschlossen-Verfahren unterschieden. Beim ersten Verfahren lässt man im Flaschenhals zwei bis drei Zentimeter frei. Die Flaschen werden dann in einen großen Einmachtopf auf einen Rost gestellt. Man füllt so viel Wasser ein, dass die Flaschen etwa bis zur Hälfte im Wasserbad stehen. Im zugedeckten Topf werden sie bei 75 °C über 20 Minuten gehalten sterilisiert. Danach werden die Flaschen, die durch die Wärmeausdehnung nun randvoll sind und eine Schaumkrone gebildet haben, aus dem Wasserbad genommen und wie beim Heißeinfüllen sofort verschlossen.

Für das Geschlossen-Verfahren werden die Flaschen nur bis etwa vier Finger breit unter den Rand gefüllt und gleich mit Gummikappen verschlossen. Die Gummikappen müssen während des Erhitzens mit um die Kappen gewickelten Bindfäden oder Drahtklammern gehalten werden, damit sie durch die Wärmeausdehnung nicht abgehoben werden.

Für Sirup wird der Saft mit Zucker verrührt und heiß abgefüllt. Durch eine hohe Zuckerkonzentration wird verhindert, dass Mikroorganismen sich in oder auf den Speisen vermehren können. Zucker ist so stark hygroskopisch (wasseranziehend), dass den Mikroorganismen durch die Zugabe von Zucker kein Wasser mehr zum Leben zur Verfügung steht. Außerdem erhält der Zucker Farbe, Aroma und Vitamin C des Saftes. Das klassische Rezept lautet allerdings 35 Prozent Saft auf 65 Prozent Kristallzucker. Besser ist es, Sirup nach Bedarf in kleinen Mengen aus tiefgefrorenen Früchten und mit alternativen Süßungsmitteln wie Agavendicksaft oder Birnendicksaft herzustellen und nur wenige Tage im Kühlschrank aufzubewahren.

La vie est dure sans confiture

Das Leben ist hart ohne Konfitüre, heißt es in Frankreich. Der süße Aufstrich ist vom Frühstückstisch nicht wegzudenken. Und zum klassischen 1:1-Rezept mit so viel Gramm Zucker, wie die verwendeten Früchte wiegen, hat man inzwischen weniger zuckerreiche Varianten. Hauptunterschied zum Sirup ist das Gelieren. Je nach Fruchtart muss mit Pektin als Gelierhilfe oder einem Fertigprodukt etwas nachgeholfen werden. Von Natur aus pektinreich sind Äpfel, Johannisbeeren, Stachelbeeren, Heidelbeeren, Preiselbeeren und Quitten. Die meisten Gelierhilfen aus Pektin, die im Handel erhältlich sind, sind auf der Basis von Apfelpektin hergestellt. Bei der Verwendung von reinem Apfelpektin müssen Sie Zitronensaft und Zucker entsprechend den Herstellerangaben zur Fruchtmasse geben.

Fertige Gelierpulver enthalten meist Pektin, Traubenzucker und Fruchtsäure.

Flüssiges Geliermittel auf Pektinbasis besteht aus Apfelpektin in aufgelöster Form. Es kann für alle Fruchtarten verwendet werden.

In der gesundheitsbewussten Küche und für Diätprodukte gibt es Spezialgeliermittel aus Agar-Agar oder Johannisbrotkernmehl, mit denen Fruchtmassen zuckerfrei eingedickt werden können. Zum Süßen können nach Geschmack alternative Süßungsmittel wie Agavendicksaft, Birnendicksaft oder Honig zugesetzt werden. Der Nachteil dieser Methode: Aufgrund des fehlenden Zuckers ist die Konfitüre nur etwa zwei Monate haltbar. Nach dem Öffnen muss sie unbedingt kühl aufbewahrt und rasch verbraucht werden.

Beim Gelierzucker sind Pektine und Fruchtzucker an das Zuckerkristall gebunden. Er süßt und geliert zugleich und eignet sich vor allem zur Herstellung von Konfitüren aus pektinarmen Früchten wie Erdbeeren, Himbeeren oder Kirschen. Alternativ zur 1:1-Gelierzucker-Variante gibt es 2:1- und 3:1-

Gelierzucker-Varianten, um den Gehalt der Konfitüren an Kristallzucker zu vermindern und den Fruchtanteil zu erhöhen. Bei der Verwendung von 2:1-Gelierzucker rechnet man zwei Teile Frucht auf einen Teil Zucker, anders ausgedrückt also ein Kilogramm Zucker je zwei Kilogramm Frucht.

Einmachzucker ist grobkörniger als normaler Haushaltszucker. Er enthält kein Pektin und eignet sich daher nur zur Konfitürenherstellung aus pektinreichen Früchten.

Haltbarkeit – auf den Verschluss kommt es an

Egal, ob Schraubdeckel, Einmachfolie oder Gummiring, alle Gläser sollten vor dem Befüllen sehr heiß ausgespült werden. Danach werden die Gläser bis zum Einfüllen umgedreht auf ein nasswarmes, sauberes Küchentuch gestellt.

Je nach Verschlussart beachten:

❖ Schraubdeckel (oder Twist-off-Deckel) nach dem Einfüllen aufsetzen und Gläser fest verschließen, Gläser etwa 15 Minuten auf den Kopf stellen, danach wieder umdrehen und auskühlen lassen.

❖ Zubindegläser sofort nach dem Einfüllen mit einer speziellen Einmachfolie verschließen, die vorher angefeuchtet wurde und sich dann beim Trocknen spannt.

❖ Gummiringe in ein heißes Wasserbad legen. Jedes einzelne Glas nach dem Befüllen sogleich mit einem Ring versehen. Deckel aufsetzen und mit einer Federklammer zuspannen. Gläser anschließend noch 10 Minuten bei 90 °C im Einkochtopf einkochen (siehe auch Seite 171).

Wenn sich beim Kochen von Beerenkonfitüre (zum Beispiel von Erdbeeren, Stachelbeeren, Heidelbeeren) Schaum bildet, sollten Sie diesen vor dem Einfüllen in Gläser mit einer Schaumkelle abschöpfen. Die im Schaum eingeschlossene Luft kann die Haltbarkeit der Konfitüre negativ beeinflussen.

Erdbeerkonfitüre mit Birnendicksaft

Für fünf Gläser zu je 250 Milliliter
1 kg Erdbeeren
500 ml Birnendicksaft
Saft einer Zitrone oder Limette
15 g Apfelpektin

❖ Die Erdbeeren putzen und mit einem Stabmixer pürieren.
❖ Erdbeeren mit dem Birnendicksaft, dem Zitronen- oder Limettensaft und dem Pektin verrühren.
❖ Unter häufigem Rühren aufkochen und 2 bis 3 Minuten kochen lassen – Gelierprobe machen (siehe Seite 181).
❖ Kochend heiß in vorbereitete Twist-off-Gläser füllen.
❖ Angebrochene Gläser im Kühlschrank aufbewahren.

Johannisbeergelee

Wer die vielen Kernchen in Konfitüren nicht mag, kann Gelee
kochen, für das die Kernchen vor dem Kochen entfernt werden.

Für fünf Gläser zu je 250 Milliliter
500 g rote Johannisbeeren
500 g schwarze Johannisbeeren
250 ml Wasser
eventuell etwas Wasser, Apfelsaft oder Orangensaft
500 g Gelierzucker 1:1

❖ Die Beeren mit dem Wasser aufkochen. Nachdem die Früchte 8 bis 10 Minuten gekocht haben, ein Seihtuch über eine
   große Schüssel legen, sodass die Ecken über den Schüsselrand hängen. Früchte und Saft in das Tuch geben, die Ecken
   des Tuches mit einem Bindfaden zusammenbinden, das ge-
   bundene Tuch über die Schüssel heben, befestigen und den
   Saft auffangen.
❖ Nachdem die Fruchtmasse leicht abgekühlt ist, das Tuch
   auswringen. Auf diese Art sollten 800 ml Saft zusammenkommen. Sollte dies nicht der Fall sein, die Flüssigkeit mit
   Wasser, Apfelsaft oder Orangensaft entsprechend auffüllen.
❖ Den Saft mit dem Gelierzucker in einen Topf geben. Diese
   Mischung auf den Herd stellen und zügig aufkochen lassen.
❖ Sobald diese Mischung nach 3 bis 4 Minuten andickt, den
   dabei aufsteigenden Schaum mehrmals mit einer Schöpfkel-
   le abschöpfen und testen, ob das Gelee den Geliertest besteht.

❖ Sobald dies der Fall ist, den Topf vom Feuer nehmen. Gelee noch heiß randvoll in die vorbereiteten Gläser füllen.

❖ Die Gläser verschließen und für etwa 30 Minuten auf einem Küchentuch auf den Kopf stellen. Danach wieder umdrehen und abkühlen lassen.

 Verwenden Sie bei Abwandlung des Rezeptes mit nicht so pektinreichen Früchten wie Erdbeeren Gelierzucker 2:1.

Gelierprobe

Mit der Gelierprobe können Sie feststellen, ob die Fruchtmasse bereits so weit eingedickt ist, dass sie nach dem Erkalten die richtige Festigkeit hat. Geben Sie einen kleinen Löffel voll Fruchtmasse auf einen kalten Teller, den Sie vorbereitend in das Gefriergerät oder in den Kühlschrank gestellt haben. Nach einer kurzen Abkühlzeit sollte die Fruchtmasse erstarren. Tut sie das nicht oder bildet sich Wasser um sie, lassen Sie die Fruchtmasse noch einige Minuten kochen und wiederholen Sie dann die Gelierprobe.

Himbeer-Johannisbeer-Konfitüre

Für fünf Gläser zu je 250 Milliliter
500 g Himbeeren
500 g Johannisbeeren
Saft einer Zitrone
500 g Gelierzucker 2:1

- ❖ Früchte waschen und harte Beeren gegebenenfalls leicht stampfen.
- ❖ Beeren in einem Topf zum Kochen bringen. Die Hitze reduzieren und die Früchte etwa 5 Minuten köcheln lassen.
- ❖ Die Fruchtmasse pürieren.
- ❖ Zitronensaft sowie Gelierzucker zum Fruchtpüree geben und unter Rühren etwa 3 Minuten kochen lassen. Den Topf vom Herd nehmen und die Konfitüre in vorbereitete Gläser füllen.

Statt Himbeeren und Johannisbeeren eignen sich auch andere Beerenkombinationen oder eine Mischung aus 700 g Holunderbeeren und 300 g geschälten, entkernten und in Stücke geschnittenen Äpfeln. Die Holunderbeeren-Apfel-Mischung wird vor dem ersten Kochen nicht gestampft, sondern nach dem ersten Kochen vor der Zuckerzugabe püriert und durch ein Sieb gestrichen, um die Kerne zu entfernen.

Brombeeraufstrich

Für fünf Gläser zu je 250 Milliliter
1 – 1,2 kg Brombeeren
1 Päckchen Gelierhilfe (mit Apfelpektin,
  aus Naturkostladen oder Reformhaus)
100 g Vollrohrzucker
100 g Honig
Saft einer Zitrone

❖ Früchte pürieren.
❖ Gelierhilfe mit dem Zucker verrühren und in das Fruchtpüree mischen.
❖ Honig und Zitronensaft zugeben, unterrühren.
❖ Das Fruchtpüree zum Kochen bringen und unter Rühren etwa 3 Minuten kochen lassen.
❖ Konfitüre in vorbereitete, heiß ausgespülte Gläser füllen.

Beeren trocknen

Das Trocknen von Beeren zur Haltbarmachung hat gegenüber dem Einkochen den Vorteil, dass kein Zucker zugesetzt werden muss. Die Vitamine leiden aber ebenso wie beim Einkochen. Das Hauptproblem beim Selbsttrocknen von Beeren ist jedoch die Schimmelbildung, die man nicht immer erkennt. Ich rate deshalb davon ab, Beeren in der Sonne oder auf dem Dachboden selbst zu trocknen. Wenn Sie Beeren selbst trocknen möchten, ist ein spezielles Dörrgerät von Vorteil. Wer sich ein solches anschafft, bekommt zusammen mit dem Gerät eine genaue Anleitung, welche Früchte wie lange und bei welchen Temperaturen getrocknet werden.

Sanddornkonfitüre

Für fünf Gläser zu je 250 Milliliter
1 kg Sanddornbeeren
100 ml Orangensaft
500 g Gelierzucker 2:1

❖ Die Beeren mit dem Orangensaft aufkochen, bis sie platzen.
❖ Dann Beeren und Saft durch ein Sieb pürieren und das Mus mit dem Gelierzucker wieder aufkochen.
❖ Unter Rühren 4 Minuten kochen lassen, Gelierprobe machen und – wenn die Konfitüre fertig ist – in vorbereitete Twist-off-Gläser füllen.
❖ Verschlossene Gläser zum Schluss auf dem Kopf stellen (siehe auch Seite 178).

Konfitüre variieren

Anstelle der in den Konfitüre- und Geleerezepten genannten Beeren können Sie auch andere Früchte verwenden. Bitte beachten Sie für gutes Gelingen:

Pektinreiche Früchte wie Johannisbeeren, Heidelbeeren oder Stachelbeeren, aber auch Äpfel, Quitten, Rhabarber und Zitrusfrüchte sorgen für gutes Gelieren. Werden sie ausgetauscht, müssen Sie eine Gelierhilfe dazugeben – oder pektinreiche nur gegen pektinreiche und pektinarme nur gegen pektinarme Früchte austauschen.

Wenn Sie süße durch saure oder saure durch süße Früchte ersetzen, sollten Sie jeweils die Menge des Süßungsmittels erhöhen oder vermindern.

Heidelbeerkonfitüre mit Agar-Agar

Für fünf Gläser zu je 250 Milliliter
750 g Heidelbeeren
750 g geschälte und entkernte Birnen
300 g Honig
etwas Wasser
Saft einer Zitrone
6 TL Agar-Agar

❖ Heidelbeeren waschen und verlesen.
❖ Birnen würfelig schneiden.
❖ Birnenwürfel und Heidelbeeren mit dem Honig verrühren und 3 bis 4 Stunden ziehen lassen.
❖ In einer Tasse etwas Wasser mit dem Zitronensaft und Agar-Agar zu einer Geliermischung verrühren.
❖ Das Frucht-Honig-Gemisch in einem weiten Einmachtopf erhitzen und einmal aufkochen lassen. Dann von der Platte nehmen, die Geliermischung einrühren und nochmals für etwa 2 Minuten aufkochen lassen.
❖ Siedend heiß in vorbereitete Gläser füllen.

Himbeeressig

Für einen halben Liter Himbeeressig
250 g Himbeeren
300 ml milder Weißwein- oder Obstessig
2 EL Honig
eventuell einige frische Himbeeren

❖ Himbeeren verlesen, waschen, leicht zerdrücken und in ein Glasgefäß füllen.
❖ Mit Essig übergießen, das Gefäß verschließen.
❖ An einem warmen, hellen Platz etwa 14 Tage ziehen lassen, täglich leicht schütteln.
❖ Essig durch ein Küchentuch filtern, dieses gut ausdrücken.
❖ Den Essig mit Honig süßen. In eine klare Flasche füllen und eventuell noch einige frische Himbeeren hinzufügen.
❖ Dann dunkel aufbewahren.

Die Autorin

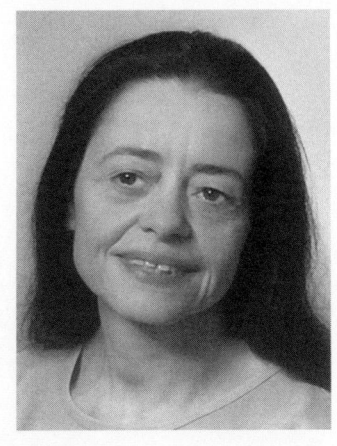

Sigrid Oldendorf-Caspar, Jahrgang 1954, studierte Pädagogik, Germanistik und Slavistik. Als erfahrene Gesundheitsredakteurin – unter anderem Chefredakteurin des »ReformhausKurier« und Redakteurin weiterer Zeitschriften aus den Bereichen Ernährung und Gesundheit – weiß sie bestens über neueste Erkenntnisse alternativer Medizin, Naturheilkunde und Ernährung Bescheid. Für dieses Buch schöpfte sie außerdem aus einem reichen Fundus praxiserprobter Vollwertrezepte. Frau Oldendorf-Caspar hat selbst einen Garten, in dem sie von Erdbeeren und Johannisbeeren bis Holunder alljährlich Beeren erntet und selbst verarbeitet. Sie lebt mit ihrer Familie in Frankfurt am Main.

Von Frau Oldendorf-Caspar ist außerdem der Titel »Migräne meistern« im pala-verlag erschienen.

Rezeptindex

Andere Bücher aus dem pala-verlag

Blume / Steinmetz:
Das Apfelbuch
ISBN: 978-3-89566-219-5

Irmela Erckenbrecht:
Rosmarin und Pimpinelle
ISBN: 978-3-89566-256-0

Angelika Eckstein:
Vegan backen
ISBN: 978-3-89566-239-3

Klaus Weber:
Das Buch vom guten Pfannkuchen
ISBN: 978-3-89566-151-8

Lebensraum Garten

Sofie Meys:
Schneckenalarm!
ISBN: 978-3-89566-227-0

Natalie Faßmann:
Auf gute Nachbarschaft
ISBN: 978-3-89566-257-7

Irmela Erckenbrecht:
Wie baue ich eine Kräuterspirale?
ISBN: 978-3-89566-220-1

Wolf Richard Günzel:
Das Wildbienehotel
ISBN: 978-3-89566-244-7

Gesamtverzeichnis bei:
pala-verlag • Postfach 11 11 22 • 64226 Darmstadt • www.pala-verlag.de

ISBN: 978-3-89566-258-4
© 2009: pala-verlag,
Rheinstr. 35, 64283 Darmstadt
www.pala-verlag.de

Alle Rechte vorbehalten

Illustrationen und Umschlaggestaltung: Karin Bauer

Lektorat: Angelika Eckstein
Druck: fgb • freiburger graphische betriebe
www.fgb.de
Printed in Germany

Dieses Buch ist auf Papier aus 100 % Recyclingmaterial gedruckt.